LE GOÛT ET L'ENFANT

Jacques Puisais
et Catherine Pierre

LE GOÛT ET L'ENFANT

Flammarion

Maquette : Arbook

ISBN : 2.08.200515.1
Numéro d'édition : 15508
Dépôt légal : Novembre 1987
Composition : S.C.C.M. (Paris)
Imprimé en France par Mame (Tours)

SOMMAIRE

INTRODUCTION 7

PREMIÈRE PARTIE : GOÛTS ET DÉGOÛTS 13

I. Le nez, la langue, etc. 15
II. De mimiques en pulsions 21
III. Les handicapés du goût 25

DEUXIÈME PARTIE : LE GOÛT À L'ÉCOLE 29

I. L'expérience de Tours 31
II. Déroulement des séances d'éveil 35
Les cinq sens 35
Le goût et ses quatre saveurs primaires 43
La construction d'un repas 48
L'olfaction 52
La vue 61
Le toucher 77
Le goût face à certaines agressions 86
Connaître sa région 93
Récapitulation 107
Détente 113
III. Comment prolonger l'expérience tourangelle 121

TROISIÈME PARTIE : LE GOÛT À LA MAISON 125

Comment s'y prendre chez soi 127
Les cent quinze mots clés 128
CONCLUSION 165
Remerciements 166
Bibliographie, crédits photographiques 167

« Nous sommes merveilleusement, corporel »
(Montaigne, Essais)

INTRODUCTION

L'ÉDUCATION DU GOÛT

« Mon fils mange des bananes avec du ketchup... » Ou encore « Ma fille ne se nourrit que de pâtisseries et de chocolat »... Éclatement du goût... Anarchie alimentaire... C'est un concert de lamentations !

Aurions-nous formé une génération de dépravés de la papille ? Quelques pessimistes ne sont pas loin de le croire. Leur inquiétude me désole. D'autres parents, simplement perplexes, me posent souvent cette question : comment nous y prendre pour que nos enfants sachent apprécier la nourriture ? C'est pour eux que nous avons écrit ce livre Catherine Pierre et moi-même. Nous situons le problème dans la première partie « GOÛTS ET DÉGOÛTS ». Puis, dans la seconde partie « LE GOÛT À L'ÉCOLE », nous montrons comment le goût peut être pris en main dans le cadre scolaire, en y associant le français, l'histoire, les sciences naturelles, etc. Enfin, dans la troisième partie « LE GOÛT À LA MAISON » nous suggérons un ensemble de conseils pratiques pour la vie quotidienne.

Au fait, que met-on sous le mot « goût » ? Nous tenterons de répondre à cette question complexe dans notre premier chapitre, « Le nez, la langue, etc. ». Il s'appuiera sur mon expérience auprès des adolescents dans les classes d'éveil sensoriel et sur les recherches de plusieurs spécialistes concernés par la question (physiologistes et psychologues essentiellement). Nous verrons comment le fœtus réagit déjà à travers le liquide amniotique aux saveurs, en particulier au sucré. Puis comment le bébé, complice de sa mère, modèle son « hédonisme » sur le sien... Et nous nous poserons la question fondamentale : dans quelle mesure ses choix ultérieurs peuvent-ils être libres ? Problème complexe de l'inné et de l'acquis...

Dans notre deuxième chapitre, « De mimiques en pulsions », nous montrerons que la formation du futur gastronome passe par plusieurs paliers, étroitement liés à sa croissance...

Heureusement, il n'existe pas de limite d'âge pour découvrir de nouvelles saveurs (à condition de rester en bonne santé, évidemment). Pas plus qu'il n'en existe pour découvrir de nouvelles sensations esthétiques. Il ne faut surtout pas se laisser impressionner par les rejets parfois catégoriques des petits enfants ou des adolescents. « Bon, pas bon »... affirme, de manière totalement binaire, l'enfant de quatre ou cinq ans. « Extra, dégueulasse »... sont des « variantes sémiologiques » propres à l'adolescence, au vocabulaire un peu plus varié, mais tout aussi catégorique. Curieux, ces rejets ou ces entichements subits ?

Que faire en effet avec ces enfants qui refusent les épinards, les endives, le poisson, le fromage, etc. ? Et peut-on les laisser se livrer à des orgies de frites, de mayonnaise ou de biscuits ? Patience. Nous vous répondrons dans notre troisième chapitre « Les handicapés du goût » (et surtout avec notre lexique de conseils dans la troisième partie de cet ouvrage, voir p. 128).

Avant de nous lamenter, indignés ou attristés, devant leurs comportements parfois bizarres à table, posons-nous quelques questions : d'abord, qui forme leur goût ? Évidemment, nous ne sommes pas seuls. Nous ne pouvons rien contre la publicité, la mode, etc. Mais, nous aussi, nous avons eu, enfants, des envies, des marottes, ou des dégoûts. Nous l'oublions, parfois... Pas question de morale. Restons pratiques et ouverts. Faisons marcher un peu notre imagination et plus encore la leur. N'attendons pas trop des médecins, qui privilégient l'hygiène, ni des diététiciens, qui raisonnent en calories, pour développer leur goût, c'est-à-dire leur esprit critique.

Nous aborderons ici la question de l'abus du sucre qui abîme les capacités gustatives du jeune enfant, parfois définitivement. Nous évoquerons aussi la question des allergies et des déformations du goût.

Une chose est sûre : les découvertes gustatives sont largement conditionnées par le climat affectif de la maison. Qu'importe le niveau de vie et les choix éducatifs. Nous connaissons tous des familles aisées où la table se révèle d'une pauvreté sensorielle affligeante et, inversement, des familles modestes où la mère sait varier les saveurs. C'est le cas parfois dans certains foyers d'immigrés d'origine rurale où les herbes et les épices animent joyeusement une nourriture très simple. On voit aussi telle directrice de crèche offrir aux tout-petits des plats très appétissants, tandis qu'une autre, avec le même budget, présentera des menus insipides. Certaines mères au foyer semblent indifférentes, à priori lassées par la cuisine, alors que d'autres, malgré un métier accaparant, paraissent toujours en quête d'idées nouvelles et de qualité... Nous n'avons donc aucun complexe pour affirmer que l'éducation du goût n'est ni une affaire d'argent ni une préoccupation de rêveur nostalgique. Mais plutôt une question de discernement et de bon sens.

Bien joli, mais comment s'y prendre ? Il ne s'agit pas de revenir au temps de la lampe à huile en recommandant une alimentation archaïque. Loin de moi l'idée de suggérer aux mères pressées de se remettre à la soupe de jadis ou aux recettes compliquées nécessitant de longues préparations. Notre plaidoyer se situe sur un autre terrain. Nous prêchons pour donner toutes ses chances à la liberté du goût. Un enfant qui ne se nourrit que de riz et de chocolat au lait, par exemple, nous paraît jouir d'un registre sensoriel trop mince pour s'épanouir harmonieusement. Ne se prive-t-il pas de tout le reste, souvent en réaction contre les adultes, tantôt trop directifs, tantôt trop laxistes ? Privation d'autant plus regrettable que chaque appareil sensoriel est absolument unique. Dans le Stradivarius gustatif jouent des milliers de cellules, dont il faut user avec intelligence, au lieu de brutaliser en jeune barbare cet instrument si fin.

Que certains le déplorent ou non, il nous faut intégrer des informations – arômes, texture, etc. – provenant aussi bien de mets frais et simples que de produits industriels et sophistiqués. À chacun de trier et de choisir sa symphonie... Encore doit-on en avoir les moyens « techniques ». Tout est là. Personnellement, je ne m'indigne pas qu'un enfant consomme du Coca-Cola, du ketchup et autre produit de camping. Je souhaite seulement lui éviter de ne connaître que cela. C'est à nous, parents et éducateurs, de l'aider à s'épanouir. S'il devient un « handicapé du goût », c'est, sauf cas exceptionnel, que nous nous y sommes mal pris.

Il faut donner à notre fils ou à notre fille des points de repère, pour lui permettre de comparer. S'il n'a jamais goûté un vrai coulis de tomates fraîches, bien parfumé, il en restera toujours au ketchup. Et si elle attrape une indigestion de fromage qui risque de l'en dégoûter à tout jamais, c'est peut-être parce que nous ne lui offrons aucune cuisine appétissante...

Pas question de passer sa vie aux fourneaux, ni de vouloir faire de chacun de nos plats un chef-d'œuvre de gastronomie. Avec la vie urbaine, la proportion des repas pris en dehors de la maison augmente d'ailleurs de plus en plus. Raison de plus pour soigner ceux qui sont pris en famille. Cela ne signifie pas qu'il faille servir uniquement du foie gras ou du caviar... Le luxe, ce peut être aussi l'ambiance, la couleur de la nappe (ou des sets de table), aussi bien que l'assaisonnement de la salade ou des légumes. De plus en plus, il faudra nous habituer à séparer la nourriture quotidienne (manger pour vivre) de la nourriture « festive » (vivre pour manger), naturellement plus soignée, plus longue à préparer, parfois plus chère.

L'enfant, soumis à la cantine souvent médiocre, a droit le soir, ou au moins le mercredi et en fin de semaine, à une alimentation colorée et savoureuse. S'il ne la trouve pas chez lui, inutile de s'étonner de le voir chercher ailleurs des émotions gustatives parfois bizarres.

Alors, vous êtes un pédagogue du goût, me demande-t-on ? Je préfère répondre un conseiller et un ami... Et j'ajoute que n'importe quel parent peut s'amuser avec ses enfants à tester leurs capacités gustatives par des moyens très simples. La gastronomie peut être aussi un jeu...

Si j'ai créé le Conservatoire du goût à Tours, c'est pour lancer un mouvement. Comment est née l'expérience ? C'est ce que nous vous racontons dans la deuxième partie de cet ouvrage « LE GOÛT À L'ÉCOLE ».

Ce qui m'a frappé, dès les premières séances d'éveil sensoriel où j'ai fait sentir aux enfants des odeurs diverses, c'est le fossé entre la finesse de leurs perceptions et le flou de leur vocabulaire. Un exemple, parmi beaucoup d'autres ? « Ça sent comme quand papa va remplir la voiture à la station. » Difficile de les faire accoucher du mot essence. Mais ils se souvenaient très bien du contexte qui avait environné leurs sensations.

Ma réflexion est donc partie de ce constat : il fallait faire « travailler » ces jeunes corps et ces jeunes esprits en leur apprenant à mettre le mot juste sur leurs sensations. J'étais persuadé, dès le départ, que c'était là faire œuvre utile pour tout le développement de leur personnalité. Un pari, tout de même! J'étais aussi convaincu qu'il fallait les prendre en main tant que leur appareil sensoriel n'était pas encore encombré par les parasites de notre civilisation urbaine. Pas de langage sans mémoire... Et pas de plaisir sans langage... Il fallait les éveiller, avant qu'ils ne s'endorment complètement dans la bouillie confortable des crèmes glacées, le chatouillement sucré des sodas et la fadeur mollassonne des hamburgers.

Les premières expériences eurent lieu en 1974. Depuis, plusieurs centaines d'enfants ont reçu un éveil sensoriel en matière de goût. Qu'en reste-t-il? Certains vous le raconteront eux-mêmes. Vous entendrez aussi des éducateurs et des parents. Ces douze ans de tâtonnements et de recherches enthousiastes menées grâce à la complicité des enseignants de la région de Tours m'ont permis de mettre au point une pédagogie. C'est son contenu que je présente en dix séances. (Signalons au passage que celles-ci constituent seulement une base qui pourra être reprise les années suivantes et élargie. Voir III dans la deuxième partie, p. 121.)

Il s'agit, à travers cet enseignement, de provoquer tantôt un « réveil » tantôt un éveil sensoriel, selon que le corps gustatif de l'enfant aura été laissé plus ou moins en jachère. Il me paraît souhaitable de commencer au second trimestre pour que les élèves aient eu le temps de faire connaissance...

Le CM2 me semble la classe la plus appropriée, mais on peut également commencer avec des enfants plus jeunes, ou au contraire plus âgés, à condition dans le deuxième cas, de prévoir une sorte de « rattrapage ».

Ma proposition d'éveil sensoriel repose sur une expérience déjà solide, mais elle peut être modulée, voire modifiée. Elle s'adresse aux enseignants et aux parents. Pour ces derniers, nous avons mis au point dans la troisième partie de ce livre, « LE GOÛT À LA MAISON », un lexique de conseils pratiques. Nous l'avons réalisé à partir de mes observations, et de l'enquête que Catherine Pierre a menée auprès de différents responsables concernés par le goût des enfants (médecins, chercheurs, directrices de crèche, responsables de cantine, etc.).

Notre approche s'est voulue à la fois culturelle et pratique. Cet ouvrage ne prétend pas être un guide de l'alimentation... Nous laissons aux pédiatres ou aux diététiciens le soin de raisonner en mentors de santé ou d'équilibre nutritif. Notre objectif est plus subtil.

Si les enseignants et les parents trouvaient ici quelques « recettes » pour épanouir davantage l'enfant, si cet ouvrage les incitait à l'aider à découvrir, à travers le monde des sensations, un nouveau chemin de liberté, nous aurions atteint notre but, qui est d'abord de respecter le jeune « goûteur de vie ». Respecter son corps autant que son esprit. Fidèle au vieux maître pour qui: « L'esprit emprunte à la matière des perceptions d'où il tire sa nourriture et la lui rend sous forme de mouvement où il a imprimé sa liberté. »

PREMIÈRE PARTIE

GOÛTS ET DÉGOÛTS

I

LE NEZ, LA LANGUE, ETC.

Qu'est-ce que le goût ? Goût de ou goût pour ? Ce n'est pas la même chose, évidemment. Laissons pour l'instant le « goût pour » (l'appétence), et examinons un peu le « goût de » (la saveur) des aliments. Notion complexe ! Deux partenaires, étroitement solidaires, se donnent la réplique, sans qu'il soit possible au profane de savoir qui tient le premier rôle. La langue ou le nez ?

Sans tomber dans les querelles d'experts, on peut affirmer que le goût est un mélange « polysensoriel ». Entrent en jeu bien sûr les sensations olfactives et gustatives, mais aussi les sensations thermiques, visuelles et même auditives... (le craquant d'un biscuit, par exemple). N'oublions pas les informations qui renseignent sur la texture des aliments, leur caractère lisse ou grumeleux, etc. Ce que l'on appelle savamment les perceptions « stéréognosiques » (concernant le volume et la forme).

Pour comprendre comment tout notre corps réagit lorsque nous lui présentons de la nourriture, il va falloir faire un peu de biologie. Et écouter plusieurs spécialistes qui ont longuement étudié ces phénomènes. Le goût, pour le neurophysiologiste Patrick Mac Leod ? « Quatre-vingt-quinze pour cent d'olfaction et cinq pour cent de gustation. La masse principale d'informations entre dans le cerveau par voie nasale. »

Pas besoin d'être savant en effet pour observer ce qui nous arrive lorsque nous sommes enrhumés : privés d'odorat, nous ne percevons plus que la saveur des mets et des boissons. Nous avons l'impression qu'ils n'ont plus de « goût » et il nous arrive de trouver par exemple que le vin ressemble étrangement à du vinaigre...

Qu'arrive-t-il, au moment de l'olfaction ? Celle-ci s'effectue de deux manières : soit par les narines, soit par les voies rétro-nasales ou narines postérieures, dites « choanes » (voir schéma p. 16). Par ces choanes, le trajet des « vapeurs » dans la bouche ne rencontre aucun obstacle, contrairement à ce qui se passe avec l'aspiration nasale qui, elle, bute sur les « cornets », petites lames osseuses situées à l'intérieur du nez. On sait que les œnologues ont l'habitude de remuer leur langue pendant la dégustation du vin : le but est de faire entrer un maximum d'air pendant cette opération pour bien dégager tous les arômes. Ces arômes sont mieux perçus grâce à une nette aération du liquide. Ces observa-

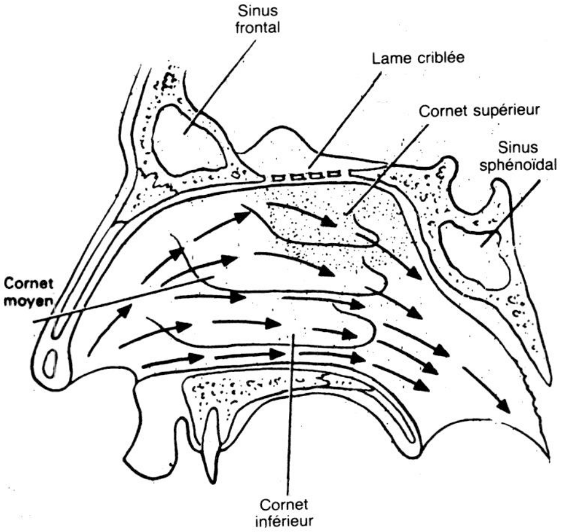

Schéma 1. Cheminement d'une stimulation olfactive.

tions renforcent la thèse de Mac Leod qui met l'accent sur l'odorat. Où va l'information olfactive ? Vers le bulbe olfactif, situé près de l'arrière-nez, à l'avant du cerveau, dans la zone du cortex cérébral (voir aussi tableau V « la tête », p. I).

Maintenant, comment s'effectue la gustation ? Grâce aux bourgeons du goût situés surtout sur la langue chez l'adulte, mais aussi, chez le nouveau-né, à l'intérieur de la paroi buccale. Ces bourgeons, qui, il faut le savoir, se renouvellent tous les huit jours (environ) permettront de « sentir » la saveur (sucré, amère, etc.) de l'aliment. D'autres terminaisons nerveuses dans la bouche et la langue permettent de percevoir des données comme la température, la texture de cet aliment. L'information captée par les bourgeons gustatifs est traitée et filtrée d'abord au niveau du bulbe rachidien (voir tableau V « la tête », p. I), avant d'être envoyée vers le cortex cérébral. C'est à ce moment seulement qu'elle est perçue.

En fait, nous ne savons pas très bien ce que nous ressentons lorsque nous croyons « goûter » des huîtres ou du foie gras car les informations olfactives et gustatives se mélangent dans notre cerveau, qui contient des cellules répondant aussi bien à ces deux types de sollicitation. Un mets nous touche, nous séduit par un complexe de sensations (odeur et saveur mêlées) que les spécialistes appelent « flaveur » (voir lexique, p. 128).

Alors ces fameuses saveurs ? Par commodité, et par manque d'études plus affinées, il est habituel depuis le XIXe siècle de distinguer quatre saveurs dites « de base » : salée, sucrée, amère et acide. Classification contestée par des scientifiques comme Patrick Mac Leod ou Annick Faurion. Celle-ci fait remarquer qu'au Japon, par exemple, la saveur « Umami »[1] n'appartient à aucune de ces catégories. Leurs expériences montrent que l'ensemble des saveurs forment au contraire une sorte de « continuum » d'une infinie variété, comme un arc-en-ciel, avec toutefois l'existence de « familles » regroupant les saveurs sucrées, salées, etc. On passe donc de la saveur sucrée à la saveur amère par toute une gamme de nuances, exactement comme l'on passe du violet au rouge dans l'arc-en-ciel. D'ailleurs, on le voit bien dans la vie quotidienne. Lorsqu'on fait référence aux saveurs, c'est très souvent pour signaler leur excès : « Ce plat est trop salé », ou bien « ce gâteau est trop sucré »... Les qualificatifs trop, ou pas assez, sont employés par

1. Umami : saveur du glutamate.

rapport à certaines références sensorielles essentiellement arbitraires.

Une chose est de reconnaître une saveur, une autre est d'être sensible à une certaine intensité de perception. Un exemple? Une très large majorité de gens classeront le saccharose ou le fructose dans les saveurs sucrées. Mais il aura fallu mettre des concentrations différentes de ces produits selon les individus (elles peuvent varier de 1 à 100) afin qu'ils arrivent à reconnaître la saveur sucrée. Pour détecter l'amertume de la quinine, l'écart peut aller de 1 à 500! Les variations de perception d'une personne à l'autre sont donc énormes et ce tout à fait normalement, en l'absence de toute pathologie.

Les experts considèrent qu'il existe plusieurs formes de seuils gustatifs: un seuil « absolu » (celui à partir duquel une personne reconnaît par rapport à l'eau pure l'existence d'une saveur) ou encore seuil de détection, un seuil de « reconnaissance » (celui à partir duquel on perçoit non seulement qu'il y a une saveur, mais on arrive aussi à l'identifier à salée, sucrée, fraise ou vanille) et un seuil de « préférabilité » (celui qui indique pour la personne la concentration jugée comme la plus agréable pour une saveur donnée). Ces seuils peuvent changer selon l'âge du sujet, son état de santé, etc. Ils peuvent aussi être améliorés. D'où l'importance de l'apprentissage chez le petit enfant, puis l'adolescent.

Agréable, désagréable... Nous voici au cœur du problème ! Le goût est une affaire à la fois culturelle et affective.

« Des goûts et des couleurs »... Maintenant que nous connaissons un peu le mécanisme de nos perceptions dans notre cerveau, reste la question centrale du goût : pourquoi aimera-t-on la charcuterie plus que les gâteaux (ou inversement), pourquoi préfèrera-t-on les carottes aux épinards, le comté au camembert, etc. ? Question complexe de l'inné et de l'acquis.

Au stade actuel de nos connaissances, seuls semblent totalement innés la préférence pour la saveur sucrée et le rejet de l'amertume. On peut déjà parler d'une « appétence » pour le sucré au niveau de l'amibe. Le fœtus humain y est sensible dès le quatrième mois de sa vie intra-utérine puisqu'il a le réflexe de téter lorsque l'on injecte du glucose dans le liquide amniotique. En revanche, lorsqu'il urine, modifiant ainsi la composition du liquide qui l'environne, il cesse d'avaler pendant un certain temps. Le grand spécialiste du goût chez le nouveau-né et le petit enfant, le professeur Matty Chiva, s'est penché sur le « réflexe gusto-facial » du bébé, mimique que connaissent toutes les mères. Le nourrisson, comme le fœtus, indique clairement sa préférence pour le sucre, « ce signal inné de calories », comme dit le neurophysiologiste Le Magnen. Par quel moyen ? Si on lui présente un liquide sucré, on observe sur son visage une rétraction des angles de la bouche que son entourage interprète comme un sourire de satisfaction. Cette interprétation est renforcée par le fait qu'il fait aussitôt suivre cette mimique d'une forte succion. « Il s'agit là d'un réflexe de survie », affirment les spécialistes. Des observations identiques ont été effectuées sur le rat et d'autres mammifères. Au contraire, les saveurs acides provoquent une véritable répulsion, puisque le nourrisson pince les lèvres, plisse son nez et cligne des paupières. Pour le sel, la question est plus complexe. Il existe paraît-il, certains bébés « salés » qui expriment un attrait précoce pour le sel... Mais la réaction la plus nettement interprétée comme étant de rejet est celle provoquée par la saveur amère.

Alertée par ces mimiques, la mère leur donnera une signification : bon, pas bon. Elle aura tendance à reproduire l'expression de son propre enfant dans ses échanges avec lui. Processus important. De son côté, elle sera poussée à répondre à sa demande de sucré pour lire de nouveau sur son visage la mimique de plaisir... Le nourrisson quant à lui « interprétera » le sourire de plaisir de sa mère (qu'elle ne fait que recopier sur lui) comme une promesse de bonheur. Promesse sécurisante.

Mais alors, nous direz-vous, comment les choses ont-elles commencé ? Les scientifiques eux-mêmes ne savent pas tout, Dieu merci ! Laissons sa part au mystère de nos origines.

On constate en tout cas que cette mère, être adulte, influence aussi son bébé par ses propres goûts. Goûts qu'elle exprime inconsciemment dans ses relations avec lui. Ils vont, bien entendu, façonner la personnalité sensorielle et psychologique de l'enfant, qui s'identifie à elle jusqu'à deux ans. D'elle, ou de la personne qui la remplace, dépendent en effet toutes les occasions de rencontre avec les aliments. Lourde est donc sa responsabilité dans la formation de son goût puisqu'elle sera son premier modèle. Il suffit souvent que la mère (ou la nourrice) n'aime pas les épinards par exemple, pour que l'enfant les déteste. Simplement parce qu'il n'a pu lire dans les yeux de sa pourvoyeuse la mimique annonçant « bon ». Rien à voir dans ce cas avec un dégoût « inné ».... Aussi, méfiance, lorsqu'il s'agit d'expliquer les préférences, ou au contraire les refus alimentaires par la seule génétique. Bien malin qui peut discerner l'inné de l'acquis dans la personnalité sensorielle d'un individu ! D'ailleurs, les scientifiques ne s'y risquent pas. En revanche, ils s'accordent à souligner l'aspect affectif du goût et le rôle puissant de l'éducation, dans son sens le plus large.

Nos goûts sont profondément modelés par notre entourage. Et d'abord par la civilisation dans laquelle nous baignons. Pour un Indien, un bifteck n'est pas un aliment. De la même manière, une côte de porc ne sera pas appréciée par un musulman ou par un juif. Dès la naissance, le goût est donc déterminé par une série de règles qui vont conditionner le caractère agréable ou désagréable de ce que nous mangeons. Matty Chiva distingue deux types d'influence : celle des parents, pour commencer ; celle des « pairs », (camarades d'école, copains, collègues) par la suite. « Dis-moi ce que tu manges, je te dirai qui tu es... » Selon ce psychologue, le comportement alimentaire peut avoir une double signification : « À la maison, il est utilisé pour se différencier. À la cantine, au contraire, on mange la même chose que les copains pour s'intégrer au groupe. » D'où quelquefois des surprises, chez les parents, qui ne comprennent pas bien pourquoi subitement leur enfant se met à détester certains mets, et à en adorer d'autres, parfois presque du jour au lendemain !

L'explication de ces retournements du goût chez l'enfant est pourtant relativement simple. Ils obéissent à des normes apparemment irrationnelles, mais qui, en réalité, suivent de près le processus de développement et de socialisation d'une jeune personnalité. Ce développement fait des bonds. Parfois, on croit au contraire assister à de véritables retours en arrière. Inutile de s'en étonner. Il suffit de les accepter, et de savoir attendre. Tant il est vrai que rien n'est jamais acquis... au futur gastronome. (Voir lexique de conseils pratiques, troisième partie de cet ouvrage, p. 128.)

II

DE MIMIQUES EN PULSIONS

Le goût d'un jeune garçon ou d'une jeune fille n'est pas, heureusement, quelque chose d'immuable ! On pourrait même affirmer qu'il est presque totalement malléable, ou sujet en tout cas à de nombreuses variations ou révisions.

Le futur être humain, blotti dans le ventre de sa mère, a déjà, nous l'avons vu, une attirance pour le sucré, puisque ses lèvres esquissent un mouvement de succion si l'on introduit du sucre dans le liquide amniotique. Il s'agit, nous dit-on, d'une « appétence » plus que d'un goût. Que va-t-il se passer lorsqu'il sera sorti de son abri obscur pour affronter notre monde aux saveurs multiples ? Première observation, la bouche est, pour le nouveau-né, un instrument privilégié qui lui sert à découvrir son environnement. Notre néophyte passe par ce que les psychologues appellent le « stade oral ». Mais exploration ne signifie pas encore analyse... Dans les premiers jours, il continuera à produire le même type de réflexe « instinctif » que pendant sa vie fœtale. Sorte de sourire, donc, devant une saveur sucrée, et au contraire, grimace et tentatives pour recracher, si on lui présente un liquide amer. Quant à l'acidité, comme on l'a remarqué, elle lui fait plisser le nez, pincer ses lèvres, cligner des yeux, etc. À ce stade, le cerveau n'a pas encore enregistré ces saveurs comme « bonnes » ou « pas bonnes ». Ces réactions indiquent simplement que le nourrisson a déjà la possibilité de discriminer ce qui est nécessaire ou « acceptable » pour son organisme et ce qui ne l'est pas, ce qui lui est agréable et ce qui ne l'est pas.

Premier changement aux alentours de six mois. Les récepteurs de goût qui, chez le nouveau-né, tapissent pratiquement toute la voie buccale sont déjà en place depuis longtemps (dès le stade fœtal) mais ce qui lui manquait, c'était la possibilité d'interpréter et de traduire les sensations de manière consciente. Au septième mois, plusieurs bébés observés par Matty Chiva commencent à manifester des différences entre eux et des préférences. Et, ce qui n'était que mimique-réflexe devient plus nuancé. Le caractère tranché des réactions du début de la vie disparaît, ou bien n'apparaît que lorsqu'on leur fait absorber des substances à très fortes concentrations. Dans ce cas, certains peuvent aller jusqu'à vomir.

Vers seize mois, une nouvelle mutation, très importante, se produit. Notre petit bonhomme est devenu malin ! Il va utiliser ses mimiques pour arriver à satisfaire ses besoins et ses désirs, en les répétant de son propre chef, sans qu'il ait été nécessaire de les provoquer: « L'enfant accentue, allant parfois jusqu'à la caricature, les réactions jusqu'alors discrètes. Bien plus que cela: simultanément, il répète sa mimique, toujours avec la même intensité, et il l'oriente. Le but cette fois est précis: se faire comprendre par autrui. »

Jusqu'à deux ans environ, le petit enfant est totalement dépendant de sa mère et son « hédonisme » se modèle donc sur celui de sa nourricière. Mais voici que bientôt, il va exprimer des dégoûts, apparemment inexplicables, devant certains aliments jugés « bons » ou nécessaires par son entourage familial ou médical. Foie de veau, épinards, fromage, etc. Que se passe-t-il ? Le bébé a grandi. Ses dents ont poussé, il marche, parle... Bref, il explore le monde, un monde totalement nouveau et plein d'embûches. La nouveauté est souvent ressentie par lui comme un danger. Crainte « ancestrale » de l'empoisonnement ? Peut-être... « Condamnés » à tout manger, nous sommes condamnés au risque. Ce risque effraie inconsciemment le petit garçon ou la petite fille. D'où ces possibles « rejets » alimentaires devant des mets nouveaux que des parents trop zélés ou trop rationnels ont tenté d'imposer. À quatre ans, un enfant n'a pas encore de vraies normes: il aime ce qu'il reconnaît. Un peu plus tard, ses rejets sont aussi un moyen de s'affirmer. Ils s'accompagnent parallèlement de comportements d'imitation. La période des rejets, période dite de « néophobie » alimentaire, peut durer jusqu'à cinq, six, sept ans ou plus, selon les cas. Elle peut même se prolonger parfois jusqu'à huit ou neuf ans ! On assiste alors à une sorte de rétrécissement du champ des aliments acceptés. Ce rétrécissement atteint – en principe – son maximum vers l'âge de quatre à cinq ans. Rien de pathologique là-dedans. On ne peut même pas parler de caprice. Le jeune goûteur a ses raisons et son rythme personnels qu'il faut respecter. Il devient déjà un être autonome.

Nouveau bouleversement. Vers dix ans, nous entrons dans une nouvelle phase « rejetante ». La puberté se profile, avec son cortège de modifications physiques et psychologiques. Sur le plan physiologique, l'appareil sensoriel subit, comme le reste du corps, certains changements, notamment au niveau de l'odorat. Pour le Dr Guy Vermeil, la puberté est un seuil important: « Elle s'accompagne d'une modification du goût, que je considère comme un caractère sexuel secondaire. L'attrait pour le poivré, le salé et les légumes apparaît en même temps que celui pour le tabac et l'alcool. En revanche, celui pour les aliments sucrés, caractéristique de la petite enfance, commence à s'effacer un peu. » Cet âge est aussi celui des grandes pulsions, et des boulimies. Les besoins en nourriture, surtout chez les garçons, peuvent être multipliés par deux ! Ces besoins quantitatifs sont en relation, naturellement, avec sa croissance. Quant aux « pulsions », d'ordre en partie psychologique, il faut les considérer avec prudence. L'adolescent exprime, par son alimentation, des messages qu'il convient parfois de décoder, sans leur attacher trop d'importance. Un jeune peut tenter de s'affirmer aussi bien en réclamant ce qu'on veut lui interdire chez lui (charcuterie, alcool, etc.) qu'en copiant les

habitudes alimentaires de ses copains (Coca-Cola ou bière, hamburger ou pizza). Jacques Barrau, sous-directeur du musée de l'Homme, auteur du livre *Les Hommes et leurs aliments* aime raconter une expérience réalisée dans un village situé au nord du Ventoux, dans le haut Vaucluse. Il s'agissait d'observer les habitudes alimentaires en milieu rural. Cette étude a montré que les enfants étaient les véritables acteurs du changement en matière de goût. Dès qu'ils ont été soumis aux transports scolaires les menant à la ville, ils se sont mis en effet à réclamer à leurs parents de la crème de gruyère, du jambon cuit de conserve, etc., alors que la ferme leur offrait de la délicieuse tome de chèvre et de l'authentique jambon de campagne. Ils tentaient d'imposer chez eux les habitudes de consommation de leur groupe (prises à la cantine scolaire) croyant ainsi s'affirmer une hypothétique « supériorité » sur les parents paysans. Est bon ce qui plaît, mais qui n'est pas forcément le meilleur...

En résumé, nous devons savoir que le goût de l'enfant se dessine très tôt (dès sa vie intra-utérine), et qu'il traverse différentes étapes plus ou moins irréversibles. Étapes qu'il convient de ne pas brusquer. Son goût doit lui appartenir. Le plus possible...

III

Les Handicapés du Goût

Pourquoi certains aliments nous rebutent-ils ? Rares sont ceux qui aiment absolument tout, dans nos pays richement pourvus... Le choix et l'abondance sont tels, que nous pouvons nous permettre le luxe de ne pas tout apprécier. Mais est-ce vraiment un luxe ?

Examinons brièvement le problème délicat des « antipathies génétiques ». Elles existent, mais sont relativement rares. Là encore, d'ailleurs, bien difficile de distinguer entre l'inné pur et l'acquis pur. Mais l'on peut tout de même affirmer que l'on trouve dans certaines familles quelques prédispositions héréditaires. Tel individu, qui n'a jamais pu boire une goutte de vin de sa vie, affirme tenir cette particularité d'un aïeul, qu'il n'a pas connu personnellement. Ce caractère génétique (supposé) aurait donc sauté une ou deux générations, exactement comme d'autres caractères qui « ressortent » quelquefois chez tel ou tel descendant, du genre « cheveux frisés » ou « doigts de pied palmés » !

Ces cas sont tout de même difficiles à cerner, puisqu'il n'existe pas de preuve absolue quant à la nature héréditaire des goûts ou des dégoûts. D'autres facteurs totalement conjoncturels peuvent entrer en ligne de compte. Ainsi, le cas de cet homme probablement dégoûté par l'odeur du vin en raison d'une enfance vécue dans une zone de production vinicole. Pour d'autres, l'indésirable sera le fromage, lui aussi riche en odeurs, plus ou moins acceptable pour un enfant lorsqu'il est trop fort. Rien de définitif donc.

Laissons la question des intolérances ou des allergies digestives, qui relève davantage du domaine médical. Sans tomber dans le pathologique, comme ces cas cités par la psychanalyste Françoise Dolto de deux malades, l'un qui ne voulait utiliser que de l'huile de machine à coudre parce qu'il avait vu pendant toute son enfance sa mère couturière « soigner » sa machine avec cette huile, l'autre qui ne pouvait boire que de l'eau de ruisseau, symbole pour lui de pureté..., nous connaissons tous autour de nous des exemples de rejet alimentaire lié à de mauvais souvenirs d'enfance. Cette jeune femme explique son dégoût de l'ail par le collier de bulbes que lui mettaient ses parents autour du cou pour éloigner les vers. Une autre motive sa répulsion pour la langue de bœuf par le fait qu'on l'enfermait dans la cave dans le but de la forcer à manger cette viande qu'elle laissait dans son assiette... Combien de maladresses éducatives sont à l'origine de rejets apparemment sans cause !

Sans doute faut-il aussi faire une place à part aux « anorexies » ou aux « boulimies » de l'adolescence, qui souvent expriment un trouble intérieur passager. À ne pas négliger, pourtant, puisqu'elles affectent un grand nombre de jeunes, et peuvent devenir un mal chronique si l'on ne sait écouter le message que ces comportements veulent exprimer.

Une mention spéciale enfin pour les déformations du goût liées à l'utilisation de certains médicaments. Le Dr Guy Heraud signale, notamment, l'influence des antidépressifs, des anti-histaminiques, et des psychotropes entraînant une sécheresse de la bouche. Autres perturbatrices, les carences en zinc... Les causes d'une « dysgueusie » (perturbation du goût) sont donc à envisager d'abord avec le médecin, qui devra détecter s'il n'existe pas un trouble fonctionnel. Il faut savoir aussi que certains chocs violents sur le crâne (même sans fracture) et quelques infections virales sévères touchant l'arrière-nez peuvent entraîner une « anosmie » (perte de l'odorat) ressentie par l'intéressé comme une perte de goût. À ne pas confondre avec l'agueusie dont nous parlerons.

Reste la question essentielle de la diversité des goûts et de leur manifestation. En un mot, nous ne naissons pas égaux devant le monde des sensations gustatives. Pourquoi ? Tout simplement parce que chaque appareil sensoriel est absolument unique. Chaque individu est doté de plusieurs centaines de « chimiorécepteurs », structures situées sur la langue. Mais s'il faut en croire la spécialiste Annick Faurion, d'un sujet à l'autre on ne trouve pas les mêmes, ni le même nombre du même type ! D'où les variations dans les réponses aux tests gustatifs. On trouve même des « daltoniens » du goût ! Savez-vous par exemple que vingt pour cent des personnes interrogées jugent amer l'acésulfam (édulcorant de synthèse), alors que les autres le trouvent sucré ?

Y aurait-il des gens plus « sensibles » que d'autres sur le plan gustatif ? Bien sûr ! De même qu'il existe des oreilles plus « musicales » que d'autres, ou des regards plus ou moins « esthètes », ce n'est pas par hasard si l'on parle des « fines gueules »... Les experts classent les individus en trois groupes : les « hypergueusiques », qui ont une très grande sensibilité perceptive ; à l'autre bout, les « agueusiques » (voir ce mot dans le lexique, dans la troisième partie de l'ouvrage p. 129-130), qui perçoivent peu ou pas les saveurs, et au milieu, un groupe moyen. Chez les agueusiques, on rencontre rarement des troubles psychologiques liés à l'alimentation. Les garçons et les filles de ce type acceptent tout, du moment qu'ils ont faim et ils ne semblent manifester aucune préférence. Généralement, ils entrent dans la catégorie des enfants dits « faciles ». Avec les hypergueusiques, il en va tout autrement. Dans cette catégorie, les rejets, les dégoûts sont fréquents. Dire que leur comportement difficile à table s'explique uniquement par la sensiblité plus fine de leurs perceptions est probablement exagéré. Les rejets alimentaires sont souvent aussi l'expression privilégiée d'une situation de conflit avec la famille. Mais la différence de sensibilité joue un rôle fondamental en raison de la « tonalité émotionnelle spécifique » de la perception gustative. Ces adolescents ont tout simplement une manière personnelle

d'exprimer leur hédonisme. Parallèlement à leurs refus violents, ils manifestent aussi des attirances également très fortes, qui peuvent même parfois paraître aux adultes complètement incompréhensibles.

Les hypergueusiques sont à traiter avec ménagement. Ce sont en général de grands émotifs. Mais il faut savoir que leurs « seuils » (voir ce mot dans le lexique, p. 159) sensoriels sont un peu différents de ceux de la moyenne des gens. Les scientifiques ont observé que les sujets qui possédaient une grande sensibilité à l'amertume présentaient en même temps le plus grand nombre de rejets alimentaires.

D'autres spécialistes font remarquer que la pression ambiante, entretenue par le marketing des industriels et qu'aggrave une certaine démission des parents, tend à enfermer l'enfant dans une prison sensorielle où triomphent le mou et le doux... Nos fils et nos filles semblent ne plus vouloir se servir de leurs mâchoires. Les aliments résistants les rebutent parce que mâcher demande un effort.

Quant au doux... autrement dit le sucré, c'est un sujet complexe, sur lequel nous reviendrons souvent tout au long de ce livre. Grand ami ou grand coupable, le sucre, adoré par les uns, décrié par les autres ?

Pas question de trancher de manière manichéenne. Mais il n'est pas inutile de connaître quelques chiffres qui parlent d'eux-mêmes : il y a deux cents ans, les Français utilisaient individuellement deux kilos de sucre par an en moyenne (chiffre à considérer avec précaution, en raison de la disparité entre l'alimentation du pauvre paysan et celle du riche noble !). Pour fixer les idées, c'est ce que consomment aujourd'hui les habitants de l'Ouganda, du Bangladesh et du Ghana. Les Anglais en sont à 40,3, les Français à 33,3. La consommation dans l'hexagone avait connu une pointe en 1974 (39,4). Depuis, elle baisse régulièrement, mais pour quelques spécialistes, elle est encore trop forte. Il s'agit évidemment d'un point de vue médical et diététique. Ce point de vue est plus nuancé en France qu'Outre-Atlantique. Les Américains, grands consommateurs de sucre (saccharose, fructose) ont en effet voulu s'attaquer globalement aux problèmes d'obésité dans lesquels les graisses jouent un rôle au moins aussi important que le sucre. D'où leurs efforts d'information auprès des parents (sous forme de brochures de conseils distribuées dans certaines écoles). Mais il ne s'agit pas à proprement parler du goût.

Sur le plan gustatif pur, l'excès de sucre est en tout cas néfaste : « Il a un effet de camouflage, car il masque les flaveurs, parties volatiles des aliments », estime Guy Fauconneau, directeur de recherche à l'INRA (Institut national de recherche agronomique). Autre inconvénient, pour ce spécialiste, il produit un effet de satiété chez l'enfant, qui, lorsqu'il a ingurgité deux canettes de soda, ou de Coca-Cola (voir ces mots dans le lexique, p. 160 et 134) avant de venir à table n'a évidemment plus faim. Certains vont même voir là une sujétion au sucre : il peut se créer chez un jeune, plus fragile qu'un adulte, une véritable accoutumance, accompagnée de son corollaire, la dépendance. Cela dit, avant d'accuser le sucre, sans doute faut-il d'abord réfléchir à l'aspect affectif de la demande. Celle-ci peut venir d'un besoin de compensation d'ordre psychologique dont il faut tenir compte.

S'il existe un danger réel avec l'abus du sucre, il serait mauvais de verser dans le puritanisme alimentaire ! De tout temps, le sucré a été assimilé au plaisir des sens... D'ailleurs, le lait maternel n'est-il pas sucré ?

Denrée de luxe au Moyen Age réservée aux nobles et aux riches, le sucre s'est aujourd'hui banalisé dans les nations développées. Ni bien absolu ni mal absolu, il doit rester à sa juste place dans l'alimentation de l'enfant car il lui est nécessaire. Mais encore faut-il, si l'on veut éviter qu'il ne devienne un « handicapé du goût », lui donner toutes les chances de choisir ses plaisirs gustatifs. En résumé, l'aider à construire intelligemment son hédonisme personnel, en lui faisant apprécier dans son intégralité l'arc-en-ciel des saveurs et la diversité des sensations.

Construire sa joie de vivre à table pour ne pas rester un handicapé du goût ? C'est tout le but de la « méthode Puisais » que nous allons maintenant exposer dans la deuxième partie de cet ouvrage. Cette méthode vise à « réveiller » le goût des enfants que la civilisation urbaine tend à étouffer, en les faisant travailler sur leurs sensations, une par une. Bien entendu, cette méthode resterait vaine si les parents ne donnaient pas, parallèlement, les bons exemples à la maison... Nos conseils pratiques sont là (troisième partie, voir p. 127) pour les y aider. C'est à eux en effet qu'incombent les premières responsabilités, puisque le goût existe déjà chez le bébé...

DEUXIÈME PARTIE

LE GOÛT À L'ÉCOLE

LES CINQ SENS.
Le Toucher.
La Vue.
L'odorat.
Le goût.
L'ouie
EXAMEN SENSORIEL.
SENS
STIMULATIONS
RELATIONS
REGARDER
ECOUTER
CUISSON des ALIMENTS
DESHYDRATATION
SUBSTANCES VOLATILES
SUCRE, SALE
AMER, ACIDE
ASTRINGENCE, PIQUANT
METALLIQUE, BRULANT

I

L'EXPÉRIENCE DE TOURS

Ou « Comment manger la madeleine de Proust à l'école ? »

– *Isabelle, tu ne peux pas affiner un peu ton jugement ?*

Le professeur de français regarde l'adolescente, qui passe, perplexe, son doigt sur un petit morceau de bois recouvert d'une étoffe. Est-elle moelleuse, veloutée, pelucheuse ?

Nous sommes dans une classe de quatrième au CES Henri Bergson, dans une commune située au nord de Tours. Jacques Puisais officie, au milieu d'élèves très absorbés par l'expérience. En plus du prof de français, celui de sciences naturelles assiste à la séance, consacrée au toucher. Il s'agit du « test des plaquettes ».

Un peu plus tard, on apportera une bassine pleine d'eau chaude. Des mains s'avancent et plongent dans l'eau. Est-elle chaude, très chaude, tiède, etc. ?

— *Comment prenez-vous votre petit déjeuner, chaud, tiède, etc. ?*

On passe aux biscuits, confectionnés par Christophe et Pascal. Petit rappel sur les autres sensations (visuelles, olfactives, etc.). Quelle est leur couleur ? Sont-ils plus bruns que beiges ? Que dit le nez ? Farine, brûlé, caramel... Et le toucher ? Lisses... Granuleux... Durs...

Pas toujours simple de trouver le mot juste. Justement, tout est là. Pas de goût sans langage, pas de langage sans goût...

L'idée de créer des classes d'éveil sensoriel remonte à 1972. À l'origine, deux étudiants en sociologie à l'université de Tours s'intéressent à l'olfaction sous son aspect psychopédagogique et décident, en collaboration avec un instituteur très ouvert de mener une étude dans une classe de CM2 à Tours. Classe « cobaye » : une moitié des élèves reçoit un éveil sensoriel, pendant que l'autre en est privée, afin de pouvoir comparer en fin d'expérience. Jacques Puisais fait monter dans son laboratoire d'analyses une batterie de tests. Il s'agit notamment de soumettre aux enfants une série d'odeurs enfermées dans des éprouvettes. Les résultats sont édifiants : leur nez est beaucoup plus « fin » que celui des adultes (ils reconnaissent en moyenne cinq à six odeurs sur dix, alors que les adultes n'en identifient que deux) mais ils ne parviennent pas, sauf exception, à trouver le mot exact. Ils s'en sortent par des périphrases, du genre « ça sent l'infirmière » (pour une alcoolature d'orange). Sensation forte, mais vocabulaire incertain. À la fin de l'initiation, les élèves qui ont suivi l'éveil sensoriel s'expriment de manière beaucoup plus précise que les autres. La démonstration est concluante. Alors le projet a germé de faire « travailler » ces têtes et ces corps encore neufs sur leurs sensations. Il a fallu rôder la méthode, bien sûr. Mais une démarche originale était engagée. Aujourd'hui, après douze ans de tâtonnements, Jacques Puisais a mis au point un programme en dix séances d'une heure et demie (voir p. 35 à 120 et fiche 45, p. 118: Aménagement idéal d'une salle pour une classe de goût). On étudie successivement les cinq sens, les quatre saveurs de base, la confection et l'élaboration d'un repas, l'olfaction, la vue, le toucher, le goût face aux agressions, la cuisine à travers les régions, et la gastronomie haut de gamme grâce à un repas au château

d'Artigny où un diplôme est remis aux enfants.

Cette approche éducative peut donner à réfléchir, même à ceux qui ne placent pas l'art culinaire, au premier rang de leurs préoccupations... En effet, on a mis souvent sous le vocable de « classes d'éveil » un peu n'importe quoi. Ces expériences ont été livrées à la bonne volonté et à l'imagination – parfois désordonnée – des enseignants. Rendre des enfants attentifs à leurs sensations gustatives, et du même coup, critiques à l'égard de l'alimentation, de son environnement, de son discours, etc., ne relève pas de la pure fantaisie. Une formation de chimiste, une expérience d'œnologue et une connaissance solide des produits de l'agro-alimentaire, autorisent un certain regard. Mais il faut une autre condition : l'enthousiasme ! Jacques Puisais est animé par la certitude qu'il est temps de réagir contre l'excès d'uniformisation. « Après la guerre et les privations qu'elle a entraînées, on a assisté à une série de bouleversements liés au développement du niveau de vie et des techniques industrielles : inflation du sucre, changement du goût du pain, généralisation des "petits pots", etc. Les résultats ont été dommageables au niveau gustatif, car les enfants se sont mis à refuser l'amer, l'acide, le dur et sont devenus totalement dépendants du sucré. Cet appauvrissement sensoriel a des conséquences multiples sur l'ensemble de la personnalité... »

L'originalité de cet éveil sensoriel réside dans le fait qu'il intéresse plusieurs disciplines essentielles : le français (par le vocabulaire), les sciences naturelles (avec le système nerveux), l'histoire et la géographie (à cause de l'origine et de la diversité de la cuisine)...

Commenter des textes de Colette, de Zola, ou de Clavel dans le ronron de la classe est une chose, mais regarder, toucher, manger la madeleine (de Proust) ensemble..., c'est une autre affaire ! Ils en sont bien convaincus, ces enseignants du CES de Vouvray qui ont participé aux « classes de goût » dans la joie. Écoutons-les : « Vivre des sensations en même temps que les enfants crée un climat chaleureux, propice à la découverte et à l'enrichissement culturel au sens large. Car tout le monde est concerné par la nourriture, alors que tout le monde n'apprécie pas la littérature, la peinture ou la musique... »

On ne pouvait trouver meilleur terrain, dans ce milieu scolaire mi-rural, mi-urbain (au cœur des vignes mais à deux pas de la centrale atomique de Chinon), où se croisent des « codes » différents. Les enfants d'agriculteurs sont naturellement plus proches du terroir, plus liés aux saisons, à la cueillette, etc. Les fils d'employés ou de cadres, habitués aux produits emballés et stéréotypés, n'ont parfois jamais vu une ruche de leur vie, mais ils ont en revanche des goûts plus « métissés », plus ouverts... Ici comme ailleurs, il a fallu trouver un langage commun. Partir de la région – à l'occasion retrouver des recettes locales – pour aller vers l'universel.

On s'aperçoit, à travers cette tentative, que le goût, considéré par certains comme un domaine un peu « superflu », est au contraire un facteur essentiel de communication. Au CES de Vouvray, on a découvert, par exemple, que le petit Marocain Abderramane mangeait une nourriture différente. Ailleurs, que Carine ou Joël n'avaient pas les mêmes « seuils » devant l'amer, le sucré, le salé... Bel objet d'étonnement. Accepter le goût de son voisin c'est déjà mieux le comprendre.

Tolérer le goût des autres suppose une référence à son propre goût. Comprendre que l'on préfère certaines saveurs conduit à poser des questions. Et à se remettre en cause, parfois : « Je me suis aperçue que je mangeais beaucoup trop vite », avoue cette élève de quatrième. Ou cette autre : « Maintenant, je ne mets plus mon walkman à table »...

Parallèlement, nos futurs gastronomes deviennent plus critiques, notamment à l'égard de la publicité télévisée qu'ils regardent beaucoup... Ils observent avec plus de sévérité les emballages aguicheurs et se montrent plus difficiles sur la qualité des produits. D'où les commentaires de certaines mères qui constatent des exigences nouvelles chez leurs rejetons lorsqu'ils ont suivi les classes d'éveil sensoriel... On observe, aussi, dans beaucoup de cas, une diminution des rejets alimentaires propres aux adolescents.

Si l'on en restait à ces résultats, l'expérience vaudrait déjà la peine d'être tentée. Mais elle peut aller plus loin, à condition que les enseignants participent. Elle doit s'inscrire dans un contexte éducatif plus vaste que n'était autrefois, celui de l'enseignement ménager (devenu « hygiène de vie » pour être finalement supprimé, au profit de la technologie !). « Il faut un certain suivi, pour que l'éveil sensoriel ne se limite pas à une activité ludique et gratuite. On peut accompagner ces séances de visites chez les vignerons, ou bien d'un château qui a conservé ses cuisines, ou encore d'un musée des arts et traditions populaires, etc. », suggère un instituteur de Chinon.

Ainsi, il ne s'agit pas seulement de faire des enfants des « consommateurs » plus avertis. Mais aussi d'approfondir leur réflexion, à partir d'observations qui concernent leur corps. Observations qu'un enseignement souvent très abstrait ne provoque guère, même lorsqu'il entend aborder l'alimentation. Un professeur du collège Lamartine de Tours qui a participé aux classes de Jacques Puisais le confirme : « J'ai été frappé par l'intérêt des élèves pour ces cours, beaucoup plus vif que pour celui de diététique, par exemple, alors que nous avons ici des élèves de milieu défavorisé. » Ce qu'appréciaient en effet ces fils ou ces filles d'ouvriers, souvent immigrés, c'était de découvrir concrètement à travers des tests simples, qu'on leur parlait, et qu'ils pouvaient parler, de leur corps, personnellement, dans un langage ne contenant aucune référence « bourgeoise ». Tant il est vrai qu'apprécier la sincérité d'une saveur – fût-ce celle d'une pomme – n'est pas forcément, comme certains le croient encore, un « plaisir de classe »...

Les collaborateurs de Jacques Puisais ont fait le même constat. Ce n'est pas auprès des enfants des milieux les plus aisés – déjà nantis d'un code culturel, et (en principe) plus gâtés culinairement – que les résultats sont les plus visibles. Mais plutôt, chez ceux qui ont justement besoin qu'on les aide à se créer des références.

Du pain (ou de la brioche...) sur la planche, pour les futurs animateurs des classes de goût !

II

DÉROULEMENT DES SÉANCES D'ÉVEIL

Première séance

LES CINQ SENS

Ils sont à la base de notre contact avec le monde alimentaire.

I. MATÉRIEL PÉDAGOGIQUE

Il faut prévoir :

Tableau général sur le goût (tableau I, voir p. 36).

Tableau sur les cinq sens (tableau IV, voir p. I).

Diapositives sur les cinq tapisseries de la dame à la licorne et matériel de projection.

Pâtes de fruits de quatre couleurs différentes correspondant chacune à quatre parfums différents (framboise, citron, prune, orange).

Fiche 1 (voir p. 41) – Réaction aux pâtes de fruits.

Questionnaire « le goût et l'enfant ». On interroge les enfants sur : le contenu des repas pris le dimanche et dans la semaine, soit à la maison soit à la cantine, leurs aptitudes à la cuisine et à la pâtisserie (fiche 2, voir p. 42). Ce questionnaire sera joint au livret de comportement (exemple, p. 114 à 117).

II. EXPOSÉ THÉORIQUE

1. Présentation du tableau général sur la « culture du goût »

Tout au long des séances, ce tableau représente une trame. Il va aider à reconnaître, identifier, analyser. Face à ce qui se mange ou se boit, un contact se produit. Il crée un effet. Un langage, une communication s'installe. La suite des stimulations ressenties au cours des prises d'aliments correspond à des « vibrations ». Comme les sons, les couleurs s'adressent à nous.

a) La vue. L'œil capte la forme des aliments, leur état, leur aspect, leur couleur. Par exemple, cette pomme raconte : « Je suis d'état solide, de forme sphérique, j'ai une belle couleur verte. » En fait, on reçoit, on traduit, et répète ce que l'objet nous fait percevoir.

Une limonade va expliquer : « Je suis un liquide sans couleur, mais plein de bulles. Elles vont vous chatouiller la langue : il faut prendre garde à ne pas avaler brutalement, vous risqueriez de vous étouffer. »

TABLEAU I - LA CULTURE DU GOÛT

		STIMULATIONS PERÇUES	IDENTIFICATION
STIMULATIONS INTERVENANT **AVANT** LA CONSOMMATION	LA CULTURE DU GOÛT AU TRAVERS DES ALIMENTS NOUS APPREND À REGARDER	VISUELLES	Forme : sphérique, ovale... État : liquide, gazeux, solide, pâteux. Aspect : trouble, louche, terne, limpide, brillant, cristallin, rugueux, lisse... Couleur : nulle, jaune, vert, doré, ambré, brun, rose, violet, rouge franc, rubis, grenat...
	ÉCOUTER	AUDITIVES	- Craquement du cigare. - Au cours du service des liquides, son plus ou moins grave, plus ou moins aigu. - Plats mijotés.
	FLAIRER	OLFACTIVES (voie directe)	Odeurs complexes (fruit, fleur, musc, truffe, caractéristique d'une origine)... Odeur individualisée (acétate d'éthyle, acétate d'amyle...).
STIMULATIONS INTERVENANT **PENDANT** LA CONSOMMATION	GOÛTER	GUSTATIVES	Goût équilibré ou dominant (acide, salé, sucré, amer).
		OLFACTIVES (voie rétro-nasale)	Arômes complexes. Arômes individualisés.
		CHIMIQUES COMMUNES	Métallique, astringent, brûlant, piquant (présence CO2). Étrangère.
	PALPER	MÉCANIQUES (paroi buccale)	Râpeux, coulant, gras, souple, moelleux, velouté, maigre, filandreux, onctueux...
		THERMIQUES (paroi buccale)	Température optimale, chaud, froid.
	JUGER UN ENSEMBLE	FLAVEUR IMPRESSIONS OLFACTO-GUSTATIVES	Agréable, ordinaire, équilibré, terroir caractérisé, persistance (en codalies).

Un consommé est limpide. Si nous le lions, en lui ajoutant un jaune d'œuf, il nous avertit pendant que nous le remuons : « Je suis troublé, j'ai perdu ma limpidité, un autre corps s'est associé à moi. Je suis passé d'un état clair à un état trouble. » De plus, je suis devenu un liquide tactilement plus onctueux, ma "caresse", mon contact dans le palais vont être différents. »

L'œil permet de choisir, de trier, à partir des informations déjà mises en mémoire.

Par exemple, on aime la viande cuite. Elle est servie saignante, l'œil va aussitôt enregistrer un signal ; le cerveau traduira : « Cette viande est trop rouge, elle n'est pas pour moi. »

La couleur d'une pâte de fruits est en relation avec son parfum. Le rouge pourpre annonce la framboise, le jaune le citron, l'orange le fruit correspondant. Chacun choisit en fonction d'un souvenir ou d'une curiosité. On doit aimer s'aventurer, sur le sentier de la découverte. S'il en était autrement, rien de nouveau ne serait connu.

b) L'ouïe. Pendant la confection d'un plat, des bruits divers naissent. Celui de la friture frémissante, du miroton qui mijote ou de la confiture qui bouillonne.

c) L'odorat. Toujours à partir du tableau I (voir ci-contre), on aborde l'olfaction.

En flairant, on se sent attiré ou au contraire repoussé par un « contact » odorant.

On cite des exemples aux enfants pour bien montrer la place des odeurs dans notre vie : Une banane encore verte est sans odeur. Elle nous dit : « Je ne suis pas mûre, il faudra m'attendre. »

Une côtelette d'agneau grillé recouverte « d'herbes de Provence » évoque la garrigue, un calme soir d'été, qui fleure bon le thym et le romarin...

On aime reconnaître également les odeurs, celles de fleurs, comme l'acacia préparé en beignets au mois de juin.

Dans la vie quotidienne, on est constamment face au désagréable, à l'inhabituel. Citons l'exemple de l'odeur d'un poulet avarié qu'on avait omis de ranger dans le réfrigérateur. Là, le nez avertit d'un état dangereux pour la santé, d'un risque. Il joue le rôle d'une barrière. Il évite aux impuretés de pénétrer en nous. Le goût protège la santé.

Certaines boissons rappellent l'odeur d'un fruit. Par exemple, l'orange avec ses caractéristiques.

En rentrant chez soi, après l'école ou le travail, les odeurs viennent à notre rencontre. Les effluves d'une tarte aux prunes encore toute tiède nous alertent. On se prépare, les papilles en attente, l'imagination en éveil...

Il faut insister sur le fait que le monde des odeurs est subtil, riche, sans limites. Il est sans cesse renouvelé. Il est instable, à l'opposé des parfums fabriqués par l'homme. Les odeurs nous environnent comme un manteau. On apprend à les cueillir, à les associer au milieu selon l'instant. L'odeur des épices, des fruits mûrs, de l'été, de l'hiver, de la ville, du métro, l'odeur de Bangkok, de Melbourne, de Paris, de la campagne, du désert... toutes ont une identité.

Le « langage » des odeurs s'établit par ressemblance, par analogie. L'odeur émanant de ce fruit, de cette fleur nous rappelle tel fruit, telle fleur. Si elle n'a jamais été sentie, il est impossible d'entendre son message. On ne peut pas l'identifier. On dira seulement, « ça sent bon, ou ça sent mauvais ». Sans reconnaissance, le jugement devient impossible.

On explique à l'enfant qu'après avoir ouvert les yeux, les oreilles, les narines, il est nécessaire pour poursuivre sa découverte d'ouvrir la bouche. On passe au « sacrifice ». L'acte de boire et de manger. Alors naît un langage intime, silencieux. Il n'est pas possible de parler en buvant ou en mangeant. Si on le fait, l'entourage ne comprend pas nos paroles. La dégustation doit se passer dans un palais feutré, humide et chaud. L'aliment, la boisson, y libèrent un monde plein de facettes. Un manque d'attention nous prive de leur éclat. On avale en n'ayant rien ressenti, on a été nourri mais on est demeuré pauvre. Les enfants doivent être sensibilisés sur ce risque.

d) Le goût. On lui associe les quatre saveurs « premières ». Le sucré, le salé, l'amer, l'acide. Posons la question aux enfants : « Quels sont ceux d'entre vous qui choisissent une pomme verte ? » Les « pour » se classent dans le clan des « acides ». Ils acceptent le langage acide de la pomme, voire son craquant ; ces deux caractères sont associés à la couleur verte. Ceux qui recherchent les pommes jaunes dorées auront tendance à être plus « sucrés », plus « tendres ». Ils peuvent mettre jusqu'à trois morceaux de sucre dans leur petit déjeuner. Il n'est pas question de porter des jugements de valeur sur les uns, ni sur les autres, chacun possède son propre goût ; comme chacun est propriétaire de ses empreintes digitales. On insiste sur cet aspect, en ajoutant qu'il faut éviter en revanche d'être dominé par le salé ou le sucré. Être gourmand de sucre ou de sel éloigne de l'amer et de l'acide !

Il faut être à l'« écoute » dans de justes proportions, pour l'ensemble des saveurs, même dans leurs plus infimes nuances. Si l'on est « trop salé », c'est-à-dire si pour ressentir le sel, on est obligé d'en rajouter, alerte ! D'abord, cela n'est pas souhaitable pour la santé. Si, sans cet artifice, on trouve tout fade, même une huître, alors on est devenu dépendant du sel. Il va nous exploiter.

Les quatre goûts sont perçus à la surface de la langue.

En bout de langue est ressenti le sucré, sur les côtés le salé et l'acide, un peu en retrait et au fond de la langue l'amer.

e) Maintenant, retrouvons le nez. Nous avons en nous la possibilité de traduire le langage aromatique des aliments et des boissons. Une fois les odeurs flairées, les arômes sont diffusés en bouche. Sans eux, la vie serait bien morne. Lorsque quelqu'un est enrhumé, il ne sent plus rien. Il est de mauvaise humeur.

Autrefois, pour aider à avaler l'huile de foie de morue, on se pinçait le nez. Pourquoi ? Tout simplement pour atténuer cet arôme désagréable.

f) Les stimulations « chimiques ». Il faut maintenant s'intéresser aux stimulations dites « chimiques ». C'est un peu plus compliqué. Les aliments et les boissons peuvent procurer des sensations ayant les caractères: astringent comme l'artichaut, brûlant comme un piment ou comme l'alcool, piquant comme certaines épices ou le gaz contenu dans l'eau. Ce sont des stimulations d'adulte. Elles sont trop fortes pour l'enfant occidental, « elles brûlent » et peuvent correspondre à des agressions. L'impression métallique appartient à ce groupe de stimulations (celle des sardines à l'huile demeurées dans leur boîte ouverte, par exemple).

g) Les stimulations mécaniques. Il est nécessaire maintenant d'aborder le groupe *des stimulations dites mécaniques.* Elles vont nous apprendre si le mets, ou la boisson sont râpeux, gras, coulants, filandreux, maigres, moelleux, gluants...

Cette connotation tactile des aliments est extrêmement importante. Elle a donné son nom à de nombreuses préparations. Par exemple, en pâtisserie, les pâtes sablées rappellent le sable, les feuilletées, l'idée de strates, de minces feuilles superposées.

Il faut prendre en compte parmi les stimulations mécaniques, le rôle de la mastication. L'enfant y est mal préparé. Mâcher donne mal aux mâchoires lorsque l'entraînement n'est pas suffisant.

Pour les enfants habitués à la viande attendrie et aux purées, les morceaux ont du mal à « passer ». Ils avalent vite, sans effort. Ainsi, à vouloir tout faciliter, on prive le corps, au lieu de l'ouvrir, au lieu de jouer avec lui.

h) La stimulation thermique. Nous poursuivons notre démarche en nous intéressant à la stimulation dite *thermique.* Il s'agit du froid et du chaud, du sorbet glacé et de la soupe fumante. La température met en valeur les odeurs du plat. Supposons que l'on place devant vous la même soupe, mais avec une moitié froide et l'autre chaude. Les odeurs seront différentes : faibles pour le potage froid, développées pour le potage chaud. L'eau du robinet tiède ne rafraîchit pas. Glacée, elle « brûle » et elle est mal acceptée.

Le chaud et le froid sont également en relation avec les impressions tactiles. Il est facile de s'en rendre compte en comparant : une tartine de beurre encore ferme et du beurre laissé au soleil ; un fruit froid sortant du réfrigérateur et un fruit chaud cueilli sur l'arbre ; une aile de poulet venant d'être rôtie et le lendemain l'autre froide ; une tarte aux pommes tiède au déjeuner et le soir une part refroidie. Le froid et le chaud vont affaiblir ou accentuer l'ensemble des stimulations. Ils vont moduler le discours.

i) À nouveau l'« oreille ». Lorsque l'on croque une pomme verte, elle est plus craquante qu'une pêche.

Une tartine de pain frais est moins craquante que la tartine grillée. Tout ce qui se croque craque.

Le croustillant des croissants peut être un souvenir heureux.

La consommation de mets et de boissons nous place en finale dans une situation globale. Tout ce qui a été ressenti est comptabilisé, traité, mis en mémoire dans notre cerveau « ordinateur le plus vieux du monde ». En fermant un livre, à la dernière ligne, on se trouve dans la même situation. On a mémorisé ce qui a été compris. On saura ouvrir à la bonne page pour le retrouver.

Ainsi, en séparant chaque groupe de stimulations à partir du tableau général, il est plus facile d'introduire l'information dans notre « ordinateur » cérébral. À partir de souvenirs, on pourra choisir à nouveau, retrouver. Dans la vie courante, si l'on ne met rien dans cet ordinateur ou si on l'utilise mal, on devient sourd et muet.

III. TRAVAUX DIRIGÉS

Après ces généralités, base de la méthode, on projette les cinq tapisseries de la Dame à la Licorne en les commentant. On va ensuite offrir aux enfants des pâtes de fruits de quatre couleurs différentes : la rouge est à la framboise, la jaune au citron, la verte à la prune, l'orangée à l'orange.

Au cours de ces travaux, on enregistre sur la fiche 1 la préférence des enfants. Cela permettra d'apprécier le choix visuel en relation avec la dominante gustative. On notera également la rapidité du geste au moment de se servir et les regards : crainte de voir le voisin prendre la pâte convoitée ou au contraire indifférence.

On goûte avec les enfants, puis on décrit, en suivant le tableau général I (exemple, p. 36) et on note leurs impressions ressenties :

1. Description des pâtes de fruits

La couleur : 4 possibilités dans le choix.

On demande aux « rouges », aux « verts », aux « jaunes » et aux « oranges » de lever la main. Cela permet d'enregistrer les préférences. Elles sont notées sur la fiche 1 (voir ci-contre).

L'aspect : on l'identifie au rugueux.

L'odeur : elle est en relation avec la couleur. On demande s'ils la trouvent forte ou faible. Puis, on l'identifie en insistant sur le fait que l'odeur rappelle de l'orange, de la pomme, etc.

2. Dégustation

On rappelle les quatre saveurs : sucré, salé, amer, acide. Dans le cas présent, le sucré est dominant puis vient l'acide. On explique succinctement pourquoi les seuils d'appréciation sont différents d'un enfant à l'autre. L'arôme de bouche par rapport à l'odeur est vérifié (si ce n'était pas le cas, l'enfant devrait flairer à nouveau). La texture plus ou moins molle, collante, est signalée par opposition au craquant de la « peau » donné par les grains de sucre. L'absence d'impression chimique est notée. Enfin, on résume, au travers du souvenir laissé par l'ensemble des stimulations, sans oublier la durée de la persistance.

Pour terminer cette première séance, on indique le contenu et le thème des neuf autres séances :

2ᵉ séance : le goût et ses saveurs de base ou saveurs « primaires » ;
3ᵉ séance : repas appliqué au goût ;
4ᵉ séance : le nez ;
5ᵉ séance : l'œil ;
6ᵉ séance : le toucher ;
7ᵉ séance : les agressions à table ;
8ᵉ séance : les régions de France et leur garde-manger ;
9ᵉ séance : rappel et vérification des connaissances acquises ;
10ᵉ séance : moment de convivialité et remise d'un certificat attestant cet éveil du goût.

On fait remplir le questionnaire (fiche 2, voir p. 42). Si le temps manque,

FICHE 1 - PREMIÈRE SÉANCE

RÉACTION AUX PÂTES DE FRUITS

L'ANIMATEUR ....

NOM DE L'ENFANT	GESTE POUR SE SERVIR		CHOIX			
	NORMAL	RAPIDE	VERT	ROUGE	JAUNE	ORANGE

FICHE 2 - PREMIÈRE SÉANCE

LE GOÛT ET L'ENFANT

Nom : .... Prénom : ....

Date de naissance : ....

Lieu de naissance :..

Habitez-vous dans cette région depuis toujours ? OUI NON

Vous habitez dans cette région depuis combien d'années ? ....années

Avez-vous des frères et sœurs (Frères : ..... Sœurs : .....) Êtes-vous l'aîné(e) ?

OUI NON

Profession du père : ....

Profession de la mère : ....

Décrire le repas de dimanche : ....

....

....

Mangez-vous à la cantine à midi ? OUI NON

Que mangez-vous au petit déjeuner ?
Café □ Chocolat □ Lait □ Pain □ Beurre □ Confiture □ Thé □
Divers (céréales, yaourts....)...

Avez-vous déjà fait la cuisine ?
si oui laquelle ?...

Avez-vous déjà fait de la pâtisserie ?
si oui laquelle ?...

Si vous aviez à choisir entre un petit pain au chocolat, un éclair au chocolat, une tarte aux fraises, une pêche bien mûre, des œufs au lait, une poire bien juteuse, une pomme verte, une tranche de cake, que prendriez-vous ? ....

Quelle est votre boisson préférée ?...

Quel est votre plat préféré ?...

Faites-vous du sport ?.............................. Lequel ?.................................

Avez-vous une activité artistique ?..

Quel est votre jeu préféré ?..

Allez-vous en vacances à la mer, à la montagne, à la campagne ?..........................

Avez-vous vécu à la campagne, à la mer, à la montagne ?..................................

l'enseignant pourra le faire remplir ultérieurement car cette question exige un peu de tranquillité. Il sera alors remis par l'animateur à la séance suivante. Il permettra de suivre et d'expliquer les réactions des enfants.

Deuxième séance

LE GOÛT ET SES QUATRE SAVEURS PRIMAIRES

I. MATÉRIEL PÉDAGOGIQUE

Tableau général sur les stimulations (tableau I, voir p. 36).
Tableau des quatre saveurs (tableau II, voir p. I).
Tableau localisant les quatre saveurs sur la langue (tableau III, voir p. I).
Gammes (2 concentrations) : A et B.
N° 1 : sucré à 2 et 8 g/l (saccharose).
N° 2 : salé à 1 et 5 g/l (chlorure de sodium).
N° 3 : amer à 1 et 20 mg/l (sulfate de quinine).
N° 4 : acide à 0,250 et 1,5 g/l (acide tartrique).
N° 5 : eau de table embouteillée.
Citrons - presse-citron.
Sucres en morceaux.
Petites cuillères.
Gâteaux secs salés.
Gâteaux secs sucrés.
Pain sans sel.
Pain avec sel.
Fiches 3 - 4 - 5, voir p. 45, 46 et 47.

II. EXPOSÉ THÉORIQUE

Base de l'exposé préparant aux travaux dirigés.

À partir du tableau général I (voir p. 36), on positionne le rôle des quatre saveurs par rapport à l'ensemble de l'examen sensoriel.

Puis on se reporte au tableau II (voir p. I), sur les quatre saveurs. On associe chaque goût à l'origine indiquée sur le tableau. On poursuit à l'aide d'exemples en proposant des aliments ou des boissons offrant une saveur dominante. Les enfants répondent à l'animateur dans ce sens mais dans l'esprit d'un jeu.

Exemples d'éléments à dominante :
sucrée = bonbons, gâteaux, viande, carotte...
acide = citron, vinaigre, oseille, rhubarbe, tomate verte...
salée = huître, eau de mer...
amère = artichaut, endive...
mixte = chocolat : (amer, sucré) – fruit mûr : (acide, sucré).
À partir du tableau III (voir p. I), on précise la localisation des quatre saveurs sur la langue. On explique l'emplacement de leurs zones de détection et le rôle des papilles.

III. TRAVAUX DIRIGÉS

1. À partir des solutions sucrée, salée, amère, acide

a) On fait travailler sur la gamme A (faible concentration). On dispose cinq verres (numérotés de 1 à 5) de 100 cm^3 devant chaque enfant. On verse dans chacun 10 cm^3 de chacune des solutions. Le 5e verre reçoit de l'eau pure. L'enfant goûte et indique sur la fiche 3 (voir p. 45), par une croix, le goût perçu. On lui laisse une minute pour identifier. L'eau comme les solutions sont servies à la même température : voisine de 12° C.

Après cette première reconnaissance, on peut situer les seuils de reconnaissance de l'enfant devant ces quatre stimulations. On tiendra compte des régions de bord de mer où les seuils salés sont plus élevés qu'en climat continental.

b) On recommence avec la gamme B et l'eau pure témoin. On pose à l'enfant, à partir de la fiche 4 (voir p. 46), les questions : « Trouvez-vous ces solutions - normalement ou trop - sucrées, salées, amères, acides ? » Cela permet de connaître son seuil de préférence. Les enfants mettent une croix dans la case correspondante. On peut utiliser, à la place de ces fiches, des tableaux magnétiques.

Les deux fiches 3 et 4 sont ramassées. Les réponses sont étudiées et reportées sur le livret de l'enfant (exemple, p. 114 à 117). Elles sont rapprochées des renseignements fournis par le questionnaire. On peut ainsi déjà apprécier l'intérêt de l'enfant pour le « goût » et les points sur lesquels il faudra insister afin de l'aider dans la découverte de son « corps gustatif ».

On notera dans la colonne « observations » du livret d'éventuelles confusions, par exemple, entre les stimulations amère et acide. La difficulté à distinguer les stimulations laisse présager des seuils de sensibilité élevés, voire une « agueusie » (voir III, première partie, p. 25).

2. Pains et gâteaux

Ces travaux portent sur la dégustation comparative de différents pains et gâteaux. Ils peuvent être préparés, la veille par les enfants, sous la direction des enseignants. Cet exercice est très apprécié des enfants, qui devront indiquer leur préférence sur la fiche 5 (voir p. 47).

On fait goûter successivement :

TEST 1

– 1 pain sans sel ;
– 2 pain avec sel ;

TEST 2

– 1 gâteau sec salé ;
– 2 gâteau sec sucré ;

TEST 3

– 1 jus de citron frais dilué et préparé devant l'enfant ;
– 2 le même jus de citron (mais on propose cinq morceaux de sucre). On demande à l'enfant de rajouter le nombre de morceaux lui paraissant nécessaire pour en rééquilibrer le caractère acide.

L'interprétation des résultats sera exposée aux enfants en leur apportant toutes les explications, par exemple :

TEST 1

– 1 le pain sans sel paraît plus ou moins sucré, fade, selon les seuils de chacun.
– 2 par l'apport de sel, le sucré est atténué, le fade disparaît. On montre ainsi le rôle du salé qui rééquilibre.

TEST 2

– 1 et 2 on enregistre les différences ressenties. Les enfants préfèrent le sucré au salé, voire sont indifférents. On dialogue avec chacun sur sa préférence.

TEST 3

– 1 caractère acide - on relève les mimiques ou l'absence de réaction des enfants. Leur comportement apporte des renseignements sur leur contact avec l'acide.
– 2 le rôle de « fard » du sucre devant l'acide est expliqué. On note le nombre de morceaux de sucre restant à chaque enfant sur les cinq distribués. Il permet d'évaluer son besoin en rééquilibre sucré.

FICHE 3 - DEUXIÈME SÉANCE

GAMME A

ÉCOLE ....

NOM .... DATE ....

VERRE N°	IMPRESSION GUSTATIVE DOMINANTE
I	acide □ sucré □ salé □ amer □ nulle □
II	acide □ sucré □ salé □ amer □ nulle □
III	acide □ sucré □ salé □ amer □ nulle □
IV	acide □ sucré □ salé □ amer □ nulle □
V	acide □ sucré □ salé □ amer □ nulle □

Mettre une croix devant le goût perçu, dans la case indiquée.

FICHE 4 - DEUXIÈME SÉANCE

GAMME B

ÉCOLE ....

NOM .... DATE ....

VERRE N°	EAU NORMALEMENT...				EAU TROP...			
	SUCRÉE	SALÉE	ACIDE	AMÈRE	SUCRÉE	SALÉE	ACIDE	AMÈRE
I								
II								
III								
IV								
V								

FICHE 5 - DEUXIÈME SÉANCE

DÉGUSTATION COMPARATIVE

ÉCOLE ....

NOM .... DATE ....

		OUI	NON	INDIFFÉRENT
TEST 1	Acceptez-vous de manger le pain 1) ?			
	Acceptez-vous de manger le pain 2) ?			
TEST 2	Préférez-vous le gâteau 1) ?			
	Préférez-vous le gâteau 2) ?			
TEST 3	Acceptez-vous de goûter le jus de citron 1) ?			
	Combien de morceaux de sucre avez-vous ajouté au citron 2) ?	1 2 3 4		

Troisième séance

LA CONSTRUCTION D'UN REPAS

I. MATÉRIEL PÉDAGOGIQUE

Tableau général sur le goût (tableau I, voir p. 36).
Salle : cuisine (ou tout autre lieu permettant la préparation des mets).
Matériel et installation classiques de cuisine.
Couverts (assiettes blanches, fourchettes, couteaux).
Produits nécessaires pour le repas :
endives moyennes
(une demie par enfant)
œuf (un par enfant)
échalotes grises
(une demie par enfant soit 3 grammes)
vinaigre de vin peu coloré
(1 litre pour 30 enfants)
beurre - 50 g par enfant
rôti de bœuf (milieu de rumsteck rassis)
75 g par enfant
salade à l'huile d'arachide, d'olive, de noix ou de maïs selon les régions
citron, sel marin
eau fraîche (8°)
limonade fraîche (8°)
fiche d'interprétation modèle 6 (voir p. 51)

II. EXPOSÉ

C'est à la fois un exposé théorique et pratique. L'animateur doit, pendant cette période, préparer le repas en confiant aux enfants différentes tâches. En quelques mots, il présentera le thème et surtout aura à répondre à toutes les questions posées par les enfants et relatives aux petits travaux qui leur seront confiés. Il peut se faire seconder par l'enseignant ou une autre personne.

1. Expliquer le contenu du repas

L'animateur donne les bases de préparation pour chaque plat.
a) Chiffonnade d'endives et œuf poché au beurre blanc.
b) Rôti de bœuf non salé.
c) Salade.
Boissons - eau fraîche, limonade.

2. Attribuer à chaque poste le nombre d'enfant(s) nécessaire(s) à la préparation

On questionne les enfants sur leurs préférences et, dans la mesure du possible, on en tiendra compte pour ces attributions. Ne jamais oublier que l'ensemble représente un jeu. On va construire un repas comme une pièce de théâtre. Puis le partager en commentant chaque partie de cette création, tant sous son aspect sensoriel qu'émotif.

poste A : Endives : 3 enfants sont nécessaires
Travaux à exécuter :
Nettoyage et lavage des légumes ; après égouttage, on les coupe en rondelles de 1 cm d'épaisseur.
Cuisson – dans un ou plusieurs pots. Lorsque l'eau salée est à ébullition, on jette les endives avec précaution.
Après une dizaine de minutes de cuisson, vérification du craquant des endives en les goûtant, il doit être juste perceptible. On rajoute du sel si nécessaire. On égoutte les endives et on les maintient au chaud (étuve, bain-marie...).

TABLEAU III

La langue

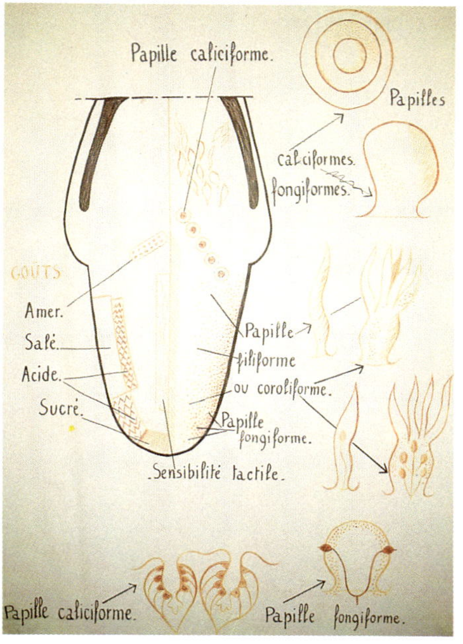

TABLEAU IV

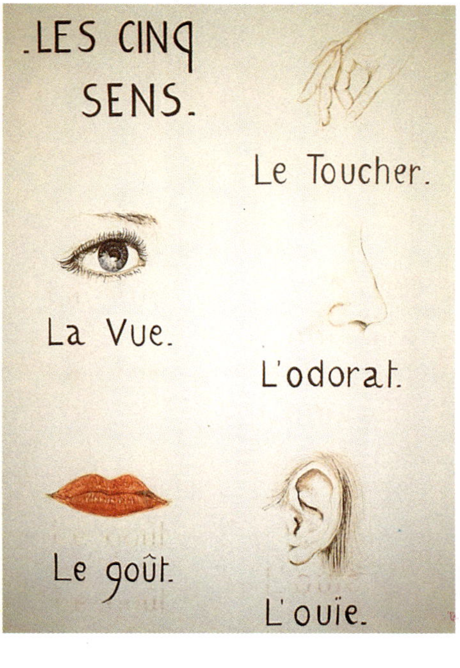

TABLEAU V

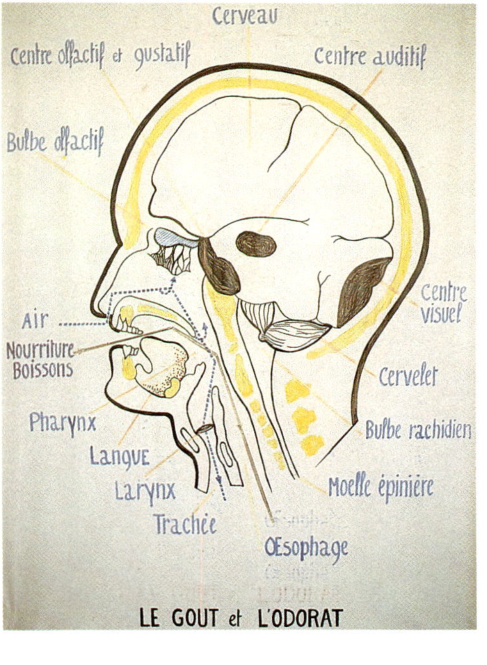

TABLEAU II

TABLEAU VII

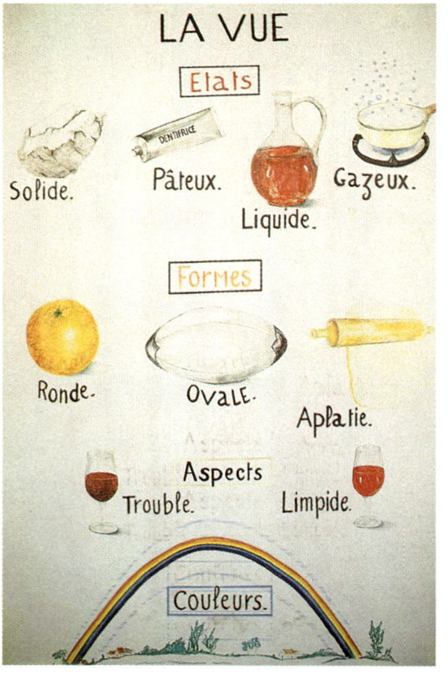

TABLEAU VI

TABLEAU VIII

Au cours de la troisième séance, les enfants participent à la confection d'un repas, qui a été construit comme une pièce de théâtre. Ici l'épluchage des échalotes grises en vue de la préparation du beurre blanc qui viendra rééquilibrer l'amertume de l'endive.

BEIGNETS DE FLEURS D'ACACIA

À la fin du printemps, les enfants sont attirés par ce plat de beignets croustillants. C'est en fondant sur la langue qu'ils libéreront l'arôme subtil de la fleur d'acacia.

PANIER DE LÉGUMES

Les produits du jardin sont une leçon choses pour l'enfant. Il apprendra à associer aux formes et aux couleurs, les saveurs de chacun.

PAN-BAGNAT

Au cours des séances, l'enfant prend conscience de l'importance de la présentation des plats. Véritable fête pour l'œil gourmand, ce pain cache des surprises simples et savoureuses.

Avant de la consommer, cet enfant apprend
à identifier les odeurs de la pomme. Ce n'est qu'en prenant conscience
du monde des odeurs, en sachant les cueillir
et les reconnaître, que l'enfant profitera pleinement de son alimentation.

En haut : après avoir ouvert les yeux et les narines, l'enfant va poursuivre sa découverte. Une fois portée en bouche, la pomme va libérer des saveurs, des arômes, un craquant, une jutosité que l'enfant pourra analyser.
En bas : la crèche : en dehors du milieu familial, l'enfant fait ses premiers pas sur le « chemin du goût ».

poste B: Beurre blanc: 4 enfants vont participer. Ils aideront à:
L'épluchage des échalotes grises.
Couper finement les échalotes. Cette opération se fera dans un endroit ventilé afin de limiter les larmes.
Couper le beurre en petits « dés » de 2 cm au cube.
Puis l'animateur fera la réduction d'échalotes et de vinaigre en expliquant l'opération. Il arrête lorsqu'il reste très peu de liquide dans la casserole. (Celle-ci sera émaillée ou en acier inoxydable.)
Le beurre blanc sera exécuté par l'animateur ou par un cuisinier invité. Les enfants seront autour de lui. L'un d'entre eux aidera en ajoutant les petites portions de beurre au fur et à mesure de la demande du cuisinier.

poste C: Œufs pochés: 2 enfants sont prévus.
Ils cassent chaque œuf dans un petit récipient (tasse à café, verre...).
On fait chauffer de l'eau salée et vinaigrée dans de larges casseroles. Cela facilite l'opération du pochage des œufs.
Les enfants compteront le temps (2 à 3 minutes selon la grosseur des œufs et l'altitude de l'endroit).

poste D: Service - 4 enfants
1) ENDIVES
Ils placent toutes les assiettes chaudes sur une grande table.
Ils répartissent une portion d'endives égouttées et chaudes sur chaque assiette (la valeur d'une louche normale de 100 cm^3).
Un enfant ou deux versent sur les endives une à deux cuillerées à soupe de beurre blanc (ou une cuillerée à sauce).
L'animateur pose l'œuf poché sur l'ensemble.

2) RÔTI
Le service est assuré par 4 enfants.
Ils suivent la préparation du rôti et sa cuisson avec l'animateur. Pour cette cuisson, mettre dans le fond du plat un peu d'eau et sur le rôti du beurre. On arrose le rôti régulièrement en expliquant la formation de « caramels ». Si le local possède une cheminée, l'utiliser pour faire cuire à la broche.
L'animateur découpe le rôti et pose une tranche de viande dans chaque assiette chaude. Il tiendra compte du stade de cuisson préféré par les enfants (saignant, normal, très cuit). Cela est important, l'enfant doit se sentir à l'aise.
Un élève versera une cuillère de jus du rôti sur chaque tranche.
Les enfants désignés servent leurs petits camarades.
S'assurer que le « gros sel » est sur la table, car le rôti n'a pas été salé.

3) SALADE
Le service est assuré par 3 enfants.
Les enfants lavent et égouttent la salade.
Ils participent à son assaisonnement (huile et citron).
Les élèves désignés déposent quelques feuilles de salade sur une assiette froide.

III. TRAVAUX DIRIGÉS - REPAS

Boisson: on offre de l'eau fraîche. Les enfants disposent de pain.

1er plat: Endive œuf poché au beurre blanc. À partir du tableau général I (voir p. 36), l'animateur intervient et présente le jeu des « goûts ».

Le sucré est apporté par le jaune d'œuf.
Le salé est assuré par l'ensemble du plat.
L'acide provient du beurre blanc.
L'amer est caractérisé par l'endive.

Certains enfants sont étonnés de supporter l'amertume de l'endive. On leur explique que la stimulation dominante « amer » est placée en équilibre à l'aide des trois autres saveurs, en particulier l'acide.

Mais l'explication ne s'arrête pas là, car le plat apporte d'autres sensations. En les décrivant, on prépare l'enfant aux jeux des séances suivantes.

Sur le plan tactile, toujours en s'aidant du tableau I (voir p. 36), on évoque les différentes textures apportées par les composants du plat :

Le filandreux de l'endive.
Le « rebondissant » du blanc d'œuf.
Le moelleux du jaune d'œuf.
Le crémeux lisse du beurre blanc.
Le craquant des fragments d'échalote qui ont également fixé l'acidité du vinaigre.

On cite les arômes entourant la préparation. Ceux propres à l'endive, avec son impression de végétal cuit : le jaune d'œuf aux senteurs très caractéristiques et enfin le beurre blanc dominé par la vivacité du vinaigre associé au piquant de l'échalote.

Ainsi, il est facile d'évoquer avec les élèves l'ensemble des éléments ayant contribué à la construction du plat. Cela leur permet d'analyser tout un langage et le jeu des différents « partenaires » entrant dans la composition de cette scène.

2e plat : Rôti de bœuf. Comme on l'a indiqué, on aura choisi une viande rassie, bien tendre, découpée en fines tranches et le service sera fait en suivant le choix des enfants (viande plus ou moins saignante). On observera la mastication de chacun. La viande est goûtée seule, non assaisonnée, l'enfant rajoute ou non du sel selon ses désirs.
Cette scène permet d'évoquer, toujours à partir du tableau I (voir p. 36) :

– La relation entre la couleur et la cuisson.
– Le caractère sucré de la viande et le besoin de sel.
– La sensation légèrement « amère » à la périphérie de la pièce de viande par la formation de « caramel de cuisson ».
– Les arômes de la viande et les différences entre le cœur et la bordure de la tranche.
– La texture plus ou moins ferme.

Bien souvent, les enfants habitués depuis très longtemps à une alimentation divisée (viande attendrie, hachée, purée...) ont du mal à mastiquer. Aussi noter (fiche 6, voir ci-contre) ceux qui ont cette difficulté. Mais si la pièce de viande a été bien choisie, c'est-à-dire rassie et d'une bonne origine, il ne doit pas y avoir de rejet. Rappellez si besoin est de couper la viande en petits morceaux, si nécessaire.

3e plat : Salade de saison. Assaisonnement d'huile d'olive pour moitié et le reste, au choix, huile de maïs, noix, tournesol, ou arachide. L'acide est apporté par du citron. On sale.
Ce travail dirigé va se faire en cinq séquences :

a) Les enfants goûtent la salade. On leur explique, toujours en suivant les stimula-

FICHE 6 - TROISIÈME SÉANCE

RÉCAPITULATION DU COMPORTEMENT DE L'ENFANT

ÉCOLE ....

NOM .... PRÉNOM .... DATE ....

METS	ACCEPTABILITÉ			
	FAIBLE	MOYENNE	FORTE	OBSERVATIONS
Endives				
Rôti sans sel				
Mastication de la viande				
Salade				
Volume d'eau consommé pour l'ensemble de la séance				

tions portées sur le tableau I (voir p. 36), les caractères de la salade :
– Goût légèrement acide en relation avec le citron.
– Arômes – apportés par les huiles et le citron.
– Impression tactile – impression « lisse-huileuse » de l'huile et texture végétale de la salade.
– Auditive – craquant de la salade plus ou moins marqué.

Les enfants doivent suivre attentivement ces descriptions afin de les mémoriser.

b) Dans un second temps, on leur propose une bouchée de pain. On montre le rôle « neutralisant » du pain. Il « nettoie » le palais.

c) On verse un verre de limonade (à 14° C) à chaque enfant. On attire leur attention, toujours en suivant le tableau I, sur la description de la limonade.
– Aspect : liquide.
– Couleur : incolore.
– Goût : équilibre sucré-acide.
– Piquant : pétillement assez vif.
– Arômes : caractéristiques de la limonade (limon).

d) Puis, on fait reprendre de la salade.

e) On fait à nouveau goûter la limonade et on demande :

– L'odeur de la limonade est-elle la même ? (Réponse habituelle : non.)
– L'acidité de la limonade est-elle aussi marquée ? (Réponse habituelle : non, moins acide.)
– Le sucré de la limonade est-il identique ? (Réponse habituelle : non, plus sucré.)

Cette démonstration est importante. Elle indique qu'un même verre de limonade peut s'exprimer différemment. Après une salade, les stimulations acides de la limonade sont moins accusées. L'explication est simple. La salade, par son acidité, a remonté le seuil d'acceptabilité acide de l'enfant. Ainsi, après la salade, la limonade paraît plus sucrée et moins acide.

Remarque : cette 3e séance doit débuter à 11 heures pour se terminer à 13 heures. Elle remplace évidemment le repas de midi.
Il faut compter une heure de préparation et une heure de repas.

Dans la mesure du possible, on notera le volume d'eau et de limonade consommé par l'enfant. Cette indication sera portée sur la fiche 6 (voir p. 51) puis reportée sur le livret (exemple, p. 114 à 117).

On peut considérer, pour des conditions climatiques normales, que le volume correspondant à deux verres est moyen. La moyenne peut être aussi celle de la classe. Pour l'établir facilement, on compte le nombre de carafes et de bouteilles servies, l'on déduit l'eau et la limonade restants.

Quatrième séance

L'OLFACTION

I. MATÉRIEL PÉDAGOGIQUE

Tableau général du goût (tableau I, voir p. 36).
Tableau « la tête » localisant le bulbe olfactif (tableau V, voir p. II).
Tableau des odeurs (tableau VI, voir p. II).
Trousse de reconnaissance de familles d'odeurs contenues dans des petits « poudriers ».

Grille d'interprétation :
d'odeurs florales, fruitées (fiche 7, voir p. 54).
d'odeurs d'épices et plantes (fiche 8, voir p. 55).
d'odeurs domestiques et diverses (fiche 9, voir p. 57).
Fiches à remplir pour les identifications (fiches 10-11-12, voir p. 58, 59 et 60).
Un erlenmeyer de 250 cm^3 (ou autre récipient voisin).
Carottes crues et cuites (2 morceaux par personne).
Orange (un quart par personne).
Confiture d'orange (25 g par personne).
Eau plate et gazeuse (par exemple Volvic).
Sirops cassis, fraise, citron, menthe (non colorés).
Pain blanc.
Pain au levain.
Huiles de noix, d'arachide, d'olive.
Miels acacia, bruyère et autres, selon la région.

II. EXPOSÉ THÉORIQUE

1. Généralités sur l'olfaction

À partir du tableau général I (voir p. 36), l'animateur expose le rôle de l'odorat et sa place sur l'« échiquier sensoriel ».

L'olfaction permet d'identifier les odeurs et les arômes des aliments, des boissons et de l'air ambiant.

Le vocabulaire de l'olfaction est décrit. Il s'appuie sur les analogies, les ressemblances. D'où le rôle prépondérant de la mémoire. On doit dire : ce gâteau a une odeur me rappelant le citron, l'ananas, la cerise...

Les odeurs et les arômes sont infiniment variés. Odeurs de maisons de campagne, de sous-bois, de forêts, de bords de mer (différence entre la Bretagne et la Provence à cause des marées), de garrigue, de montagne, d'arbres comme le tilleul, l'acacia, de cave, de grenier, odeurs ménagères, odeurs de saisons, de pays, de métro, de cheval, de sa maman, de la pipe du papa, du parfum de sa grand-mère..., etc.

Il existe entre les odeurs, les arômes et les parfums des différences. Les parfums doivent être distingués des odeurs et des arômes. Ceux-ci ont un caractère spontané naturel. Il s'agit d'un « état odorant » spécifique des fleurs, des fruits, des lieux, des animaux... Par contre, les produits lessiviels ou corporels n'ont pas d'odeur, ils sont parfumés avec des composants la plupart du temps de synthèse. On construit un parfum cherchant à rappeler une odeur.

2. Perception des odeurs et des arômes

Sur le tableau V (voir p. II), on montre l'emplacement du bulbe olfactif. Celui-ci est le centre de perception des substances volatiles correspondant aux odeurs ou aux arômes.

En flairant directement, la stimulation identifiée correspond à une odeur plus ou moins complexe. C'est une détection par voie directe.

Lorsque l'aliment ou la boisson sont en bouche, on perçoit alors par voie rétronasale les arômes du produit. On ne dit plus odeurs mais arômes.

Les arômes diffèrent des odeurs du fait que les aliments ou les boissons, par leur division dans la paroi buccale, se comportent différemment. Ils sont soit réchauffés, soit refroidis selon leur origine ou leur préparation. Ces variantes

FICHE 7 - QUATRIÈME SÉANCE

RECONNAISSANCE D'ODEURS FLORALES ET FRUITÉES

NOM : .... PRÉNOM : ....

Identifier les 10 odeurs contenues dans les poudriers présentés, en utilisant la liste de 15 noms proposés. Reporter le numéro du poudrier en face du nom de l'odeur reconnue.

LISTE DES ODEURS	N° DU FLACON	BONNE RÉPONSE	NOTE
Violette			
Mûre			
Œillet			
Rose			
Cerise			
Lavande			
Pêche			
Prune			
Muguet			
Pivoine			
Pomme			
Framboise			
Orange			
Abricot			
Cassis			

FICHE 8 - QUATRIÈME SÉANCE

RECONNAISSANCE D'ODEURS D'ÉPICES ET DE PLANTES

NOM : .... PRÉNOM : ....

Identifier les 10 odeurs contenues dans les poudriers présentés, en utilisant la liste de 15 noms proposés. Reporter le numéro du poudrier en face du nom de l'odeur reconnue.

LISTE DES ODEURS	N° DU FLACON	BONNE RÉPONSE	NOTE
Fougère			
Girofle			
Poivron			
Eucalyptus			
Cannelle			
Verveine			
Café			
Anis			
Menthe			
Vanille			
Cacao			
Thym			
Noisette			
Truffe			
Réglisse			

de température sont proches du « supportable » selon le seuil thermique de chacun. Les aliments sont plus ou moins dilacérés par la mastication libérant ainsi leurs arômes. La classification des odeurs ou des arômes se fait à partir de leur origine : animale, végétale, évolutive comme le ferment, artificielle... Le tableau VI (voir p. II) explique quelques origines d'odeurs.

III. TRAVAUX DIRIGÉS

1. Reconnaissance d'odeurs

Cette séance consiste à :

– Reconnaître 10 odeurs (fruitées - florales) parmi les 15 proposées sur la fiche 7 (voir p. 54).
– Reconnaître 10 odeurs (épices - plantes) parmi les 15 proposées sur la fiche 8 (voir p. 55).
– Reconnaître 10 odeurs (domestiques - diverses) parmi les 15 proposées sur la fiche 9 (voir ci-contre).

Les enfants placent, sur la liste de 15 odeurs proposées, une croix devant les 10 odeurs identifiées (fiches 7-8-9, voir p. 54, 55 et 57).

Les odeurs sont enfermées dans des poudriers. Ce sont des petits flacons droits de 40 cm^3 de volume obturés par une capsule en matière plastique facile à ôter et à remettre. On fixe les odeurs sur du coton. On peut utiliser également les trousses préparées par Jean Lenoir, précurseur en ce domaine.

Ces travaux permettent de distinguer les enfants attirés par tel ou tel groupe d'odeurs. On récapitule les résultats des fiches 7-8-9 (voir p. 54, 55, 57), et on les reporte sur le livret (exemple, p. 114 à 117).

2. Influence de la cuisson sur les odeurs

a) Carottes crues, cuites et leur eau de cuisson

On soumet à l'olfaction par voie directe, puis par voie rétro-nasale : carotte crue, carotte cuite, eau de cuisson. On fait apprécier les modifications d'odeurs et d'arômes entraînées par la cuisson. On constate en goûtant que la carotte a perdu une partie de son arôme qui est passée dans l'eau de cuisson. Parallèlement, on fera remarquer le craquant de la carotte crue qui s'oppose à la sensation tendre du légume cuit.

b) Odeur d'oranges fraîches par rapport à de la confiture d'orange

Faire sentir séparément : la peau d'orange, la chair du fruit.

Par dégustation, montrer les différences de texture, collante pour la confiture et « juteuse » pour le fruit. Cet exercice sensibilisera au thème de la séance suivante.

3. Comparaison entre les eaux plates et gazeuses sans odeur

On soumet à l'olfaction directe deux verres, l'un contenant de l'eau plate, l'autre de l'eau gazeuse.

Le picotement, plus ou moins agressif, ressenti en haut des fosses nasales, n'est pas une odeur mais une stimulation chimique. Cet exercice permet de préciser le vocabulaire.

En goûtant ces eaux dépourvues d'odeur, on confirme également l'absence d'arôme.

4. Comparaison et identification de quatre sirops

Chaque enfant reçoit 4 verres d'eau additionnée d'un sirop correspondant à

FICHE 9 - QUATRIÈME SÉANCE

RECONNAISSANCE D'ODEURS DOMESTIQUES ET DIVERSES

NOM : .... PRÉNOM : ....

Identifier les 10 odeurs contenues dans les poudriers présentés, en utilisant la liste de 15 noms proposés. Reporter le numéro du poudrier en face du nom de l'odeur reconnue.

LISTE DES ODEURS	N° DU FLACON	BONNE RÉPONSE	NOTE
Citronnelle			
Bonbon anglais			
Amande amère			
Tabac			
Noix			
Pin			
Goudron			
Essence			
Eau de Javel			
Cresyl			
Fuel			
Savon noir			
Huile d'olive			
Huile de Noix			
Alcool à brûler			

FICHE 10 - QUATRIÈME SÉANCE

IDENTIFICATION DES SIROPS

ÉCOLE ....

NOM ....

PRÉNOM .... DATE ....

SIROP	N° DU VERRE CORRESPONDANT
cassis	
fraise	
citron	
menthe	

FICHE 11 - QUATRIÈME SÉANCE

IDENTIFICATION DES HUILES

ÉCOLE ....

NOM ....

PRÉNOM .... DATE ....

HUILES	N° DU FLACON
Noix	
Arachide	
Olive	

FICHE 12 - QUATRIÈME SÉANCE

IDENTIFICATION DU MIEL

ÉCOLE ....

NOM ....

PRÉNOM .... DATE ....

MIEL	N° DU FLACON
Acacia	
Bruyère	

l'une des 4 odeurs de la fiche 10 (voir p. 58). Sur chaque verre figure un numéro, de 1 à 4. Les enfants indiquent sur la fiche 10 le numéro porté sur le verre du sirop reconnu.

5. Présentation de pain dit « blanc » et de pain au levain

Les enfants flairent les deux morceaux de pain. On explique les différences d'odeurs apportées par le levain. On fait goûter les deux pains afin d'identifier les arômes. Il faut profiter de cet exercice pour rappeler les quatre stimulations gustatives de base : sucré, salé, amer, acide présentes dans le pain au levain, alors que le pain « blanc » est seulement sucré, salé et peu ou pas acide.

6. Identification des odeurs de trois huiles

Les huiles sont présentées dans 3 petits flacons (type erlenmeyer) de 250 cm^3, numérotés de 1 à 3. On verse 100 cm^3 d'huile dans chacun. On demande aux enfants de flairer chaque huile et d'indiquer le numéro de l'huile reconnue sur la fiche 11 (voir p. 59).

7. Identification des odeurs et des arômes de miel

On invite les enfants à flairer deux miels numérotés 1 et 2. Ils portent les résultats de l'identification sur la fiche 12 (voir ci-contre). On leur demande de goûter le miel pour l'identifier mais aussi à titre de friandise.

À la dégustation du miel, on associera le caractère sucré. On abordera les textures plus ou moins collantes ou granuleuses. À la fin de ces travaux dirigés, chaque enfant mangera un petit morceau de pain avant de boire un verre d'eau fraîche.

Cinquième séance

LA VUE

I. MATÉRIEL PÉDAGOGIQUE

Tableau général sur les stimulations (tableau I, voir p. 36).
Tableau sur la vue (tableau VII, voir p. II).
Fiche pour le test sur la relation entre les couleurs et les saisons (fiche 13, voir p. 63) et carrés colorés.
Carte muette des provinces françaises (fiche 14, voir p. 64).
Liste des provinces françaises correspondant à la carte (fiche 15, voir p. 65).
Fiches pour le test sur le milieu naturel et provinces (fiches 16-17-18-19-20, voir p. 66 à 70).
Fiches pour le test de reconnaissance de fruits, fleurs, légumes, graines (fiches 21 - 22 - 23 - 23 bis, voir p. 71 à 74).
Pommes rouges et vertes.
Purée de pommes de terre trop salée.
Pâtisserie :
a) sans colorant, peu agréable à l'œil mais caractéristique en bouche ;
b) avec colorant, « appétissante » à l'œil mais neutre en bouche.
Fiche 24 (voir p. 75).

II. EXPOSÉ THÉORIQUE

1. Renseignements apportés par l'observation

On reprend, sur le tableau général I (voir p. 36), les stimulations attachées aux reconnaissances. Le rôle de l'œil est précisé.

L'œil nous alerte sur la présentation des boissons et des aliments. Ces renseignements vont porter sur :
L'état : il va de liquide à solide, en passant

par de nombreux stades comme pâteux et gazeux...
La forme : elle peut être sphérique, ovale, aplatie, longue, large, bombée, petite, grosse, allongée, épaisse, mince...
L'aspect : il peut être granuleux, rugueux, lisse, brillant, mat, trouble, louche, terne, limpide, cristallin, opalescent...
La couleur : elle peut être nulle, sombre, claire, jaune, verte, bleue, rouge, dorée, brune, rose, violette, orangée, rubis, grenat, cerise.

2. Rôle de la vision au cours du repas

En regardant, on se prépare, on choisit, on se « prédispose ». Les informations visuelles nous permettent de nous souvenir d'émotions, d'acceptations, de refus. La vue est la première barrière sensorielle. Elle attire ou rejette (voir les photographies p. IV, V et VI). Mais l'« œil » peut se tromper, aussi demande-t-il confirmation à l'olfaction si tout est conforme au palais.

L'« œil » n'aime pas être déçu. Aussi à quoi bon farder les aliments avec des colorants ? Les masques n'ont pas de vie. De plus, si en bouche l'aliment est neutre, la déception sera grande. Plus la présentation est attirante, plus les impressions de « palais » doivent être justes ; la confirmation doit être concluante. Un gâteau, un beau fruit de belle présentation qui ne laissent aucun souvenir olfacto-gustatif représentent une tromperie.

3. Illustration de quelques impressions visuelles

On s'appuie sur le tableau VII (voir p. II) pour développer ce sujet.
L'état. Entre l'état liquide et le solide existent de nombreux stades intermédiaires, comme celui de la crème. On sait faire la différence entre un consommé limpide et coloré et une crème opaque, onctueuse, et crémeuse. Un gâteau sec sera dur, un flan flasque. L'œil déchiffre, nous transmet, il nous prépare. L'état gazeux occupe une place importante dans la préparation des aliments.

La forme. La forme a un langage propre. Les fruits, selon leur apparence, nous indiquent leur espèce. La forme de la mandarine est différente de celle de l'orange. En pâtisserie, le croissant ne possède pas la forme de la brioche. La forme du grain de blé n'est pas celle du grain de maïs. L'éclair au chocolat ne se présente pas comme le petit pain...

L'aspect. À ces repères viennent s'ajouter des nuances correspondant à l'aspect plus ou moins nacré, brillant, mat...

Ces aspects enjolivent les couleurs. Le rugueux, le lisse modifient la présentation.

La pomme brillante après lustrage est plus attirante. Pourtant, si on la goûte, elle procure les mêmes sensations qu'une autre pas encore « astiquée ».

La présentation des plats occupe une place de premier plan. Les cuisiniers réalisent dans l'assiette de réelles « natures mortes ». De tout temps, dans l'assiette ou le plat, les « artisans de la table » ont été attentifs à cette présentation. Elle engage l'appétit ; elle contribue à attirer ou à repousser. Autres signaux : une eau doit être limpide ; si elle est trouble, on est alerté. Les aspects fanés d'une salade, d'un fruit bruni, correspondant à un stade évolué, incitent

FICHE 13 - CINQUIÈME SÉANCE

LES SAISONS

ÉCOLE ....

NOM : ....

PRÉNOM : .... DATE ....

VERT	PRINTEMPS	ROSE
JAUNE	ÉTÉ	BLEU
MARRON	AUTOMNE	ROUGE
GRIS	HIVER	BLANC

Sur la fiche que reçoit l'enfant le nom des couleurs ne figure pas sous les carrés.

PROVINCES ET RÉGIONS DE FRANCE

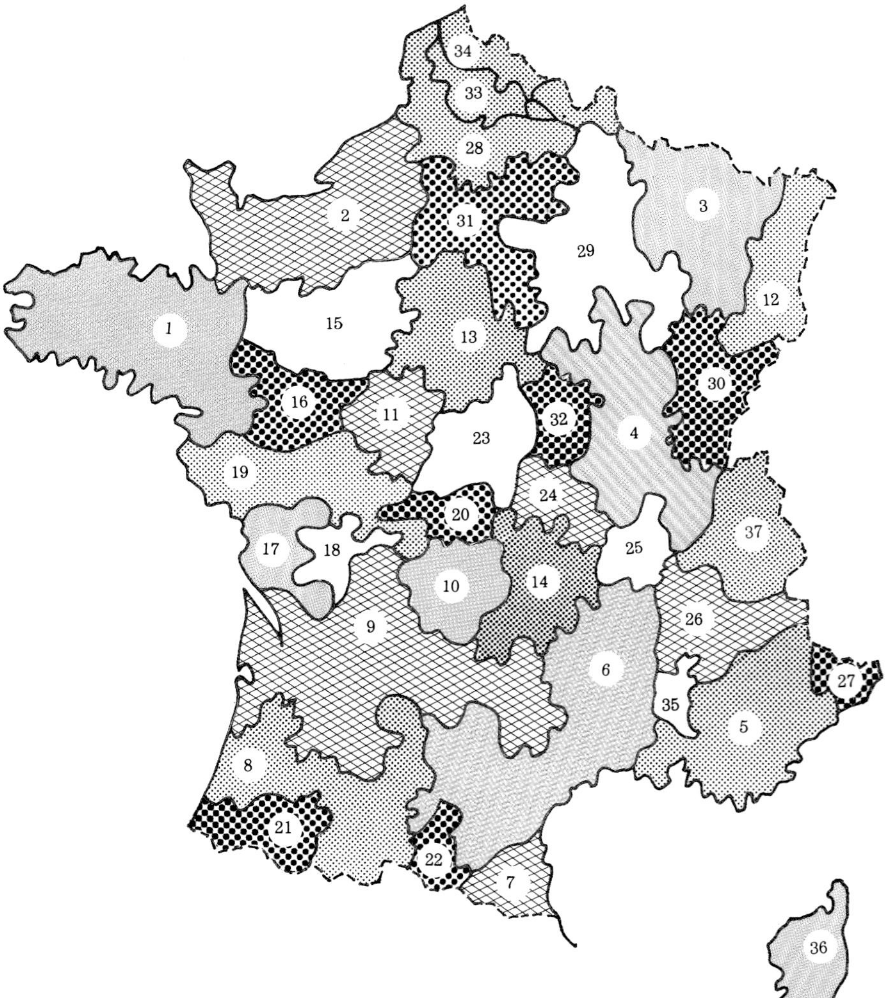

LES PROVINCES DE FRANCE

ALSACE - 12

ANGOUMOIS - 18

ANJOU - 16

ARTOIS - 33

AUNIS ET SAINTONGE - 17

AUVERGNE - 14

BRETAGNE - 1

BERRY - 23

BOURBONNAIS - 24

BOURGOGNE - 4

BÉARN - 21

CHAMPAGNE - 29

CORSE - 36

DAUPHINÉ - 26

FLANDRE - 34

FRANCHE-COMTÉ - 30

FOIX (COMTÉ DE) - 22

GASCOGNE (LANDES) - 8

GUYENNE (PÉRIGORD) - 9

ÎLE-DE-FRANCE - 31

LANGUEDOC - 6

LIMOUSIN - 10

LORRAINE - 3

LYONNAIS - 25

MAINE - 15

MANCHE - 20

NICE - 27

NIVERNAIS - 32

NORMANDIE - 2

ORLÉANAIS (BEAUCE) - 13

PICARDIE - 28

POITOU - 19

PROVENCE - 5

ROUSSILLON - 7

SAVOIE - 37

TOURAINE - 11

VENAISSIN (COMTAT) - 35

Goûts et Provinces

PROVINCE :

ÉVOCATION :

PROVINCE :

ÉVOCATION :

PROVINCE :

ÉVOCATION :

FICHE 17 – CINQUIÈME SÉANCE

GOÛTS ET PROVINCES

PROVINCE :

ÉVOCATION :

PROVINCE :

ÉVOCATION :

PROVINCE :

ÉVOCATION :

GOÛTS ET PROVINCES

PROVINCE :

ÉVOCATION :

PROVINCE :

ÉVOCATION :

PROVINCE :

ÉVOCATION :

Goûts et Provinces

PROVINCE :

ÉVOCATION :

PROVINCE :

ÉVOCATION :

PROVINCE :

ÉVOCATION :

GOÛTS ET PROVINCES

PROVINCE :

ÉVOCATION :

PROVINCE :

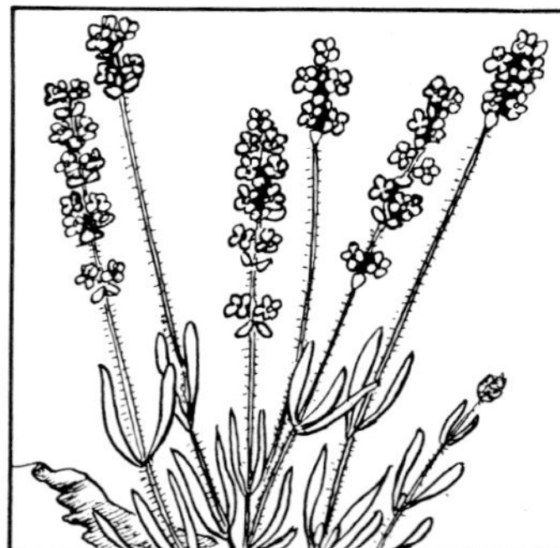

ÉVOCATION :

PROVINCE :

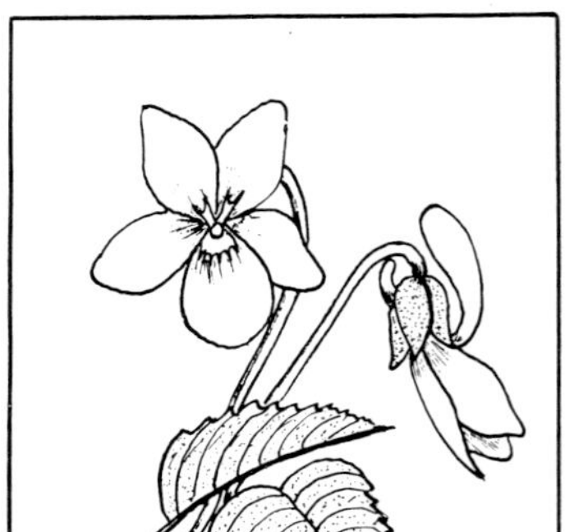

ÉVOCATION :

FICHE 21 – CINQUIÈME SÉANCE

FLEURS

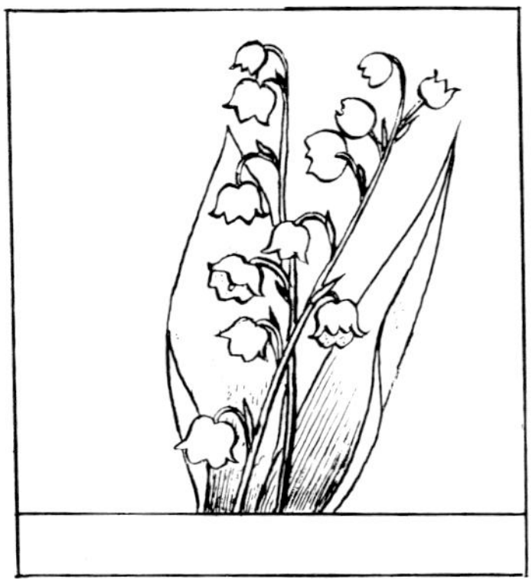

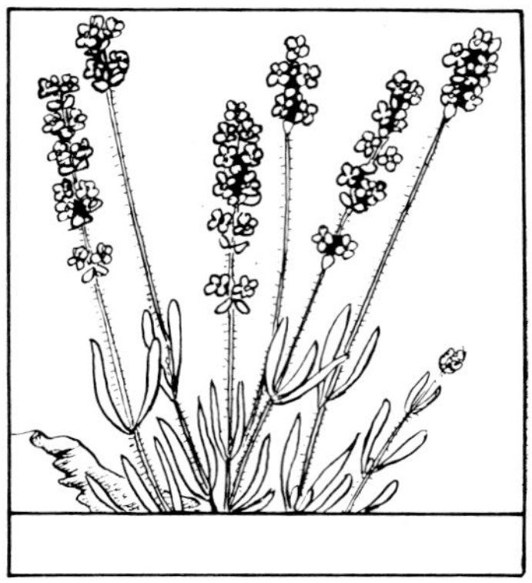

FICHE 22 – CINQUIÈME SÉANCE

FRUITS

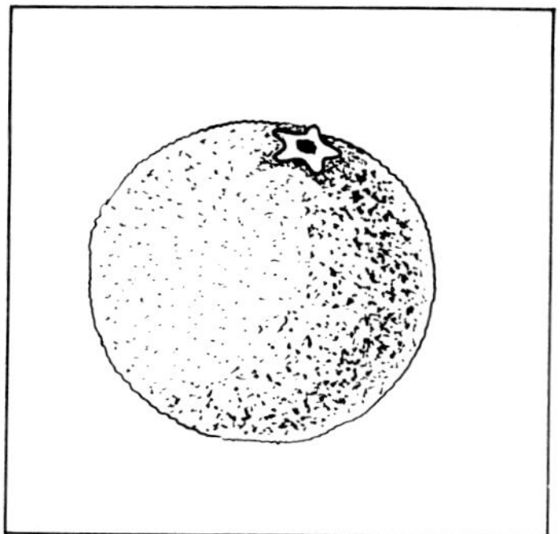

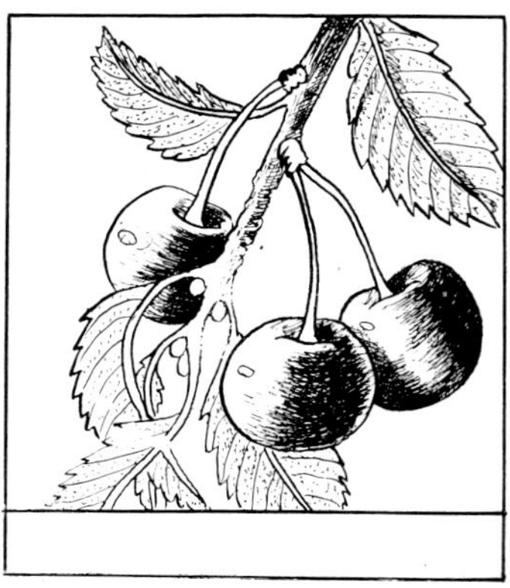

LÉGUMES

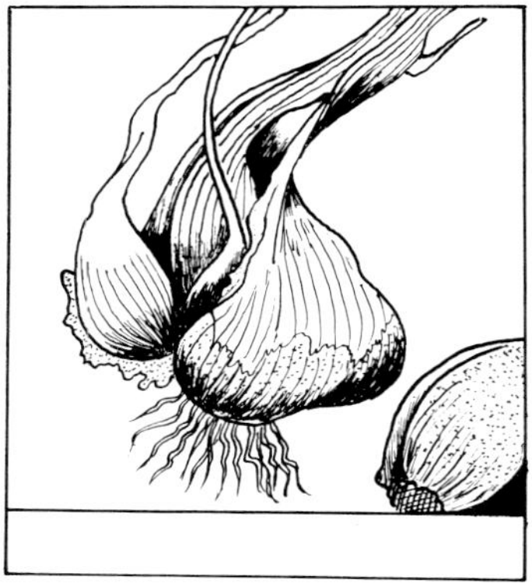

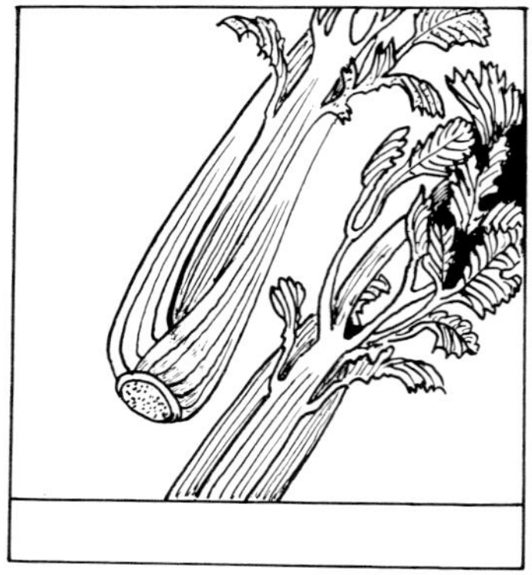

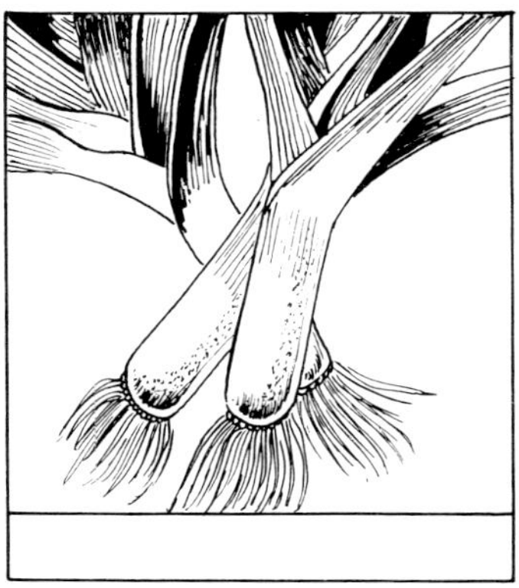

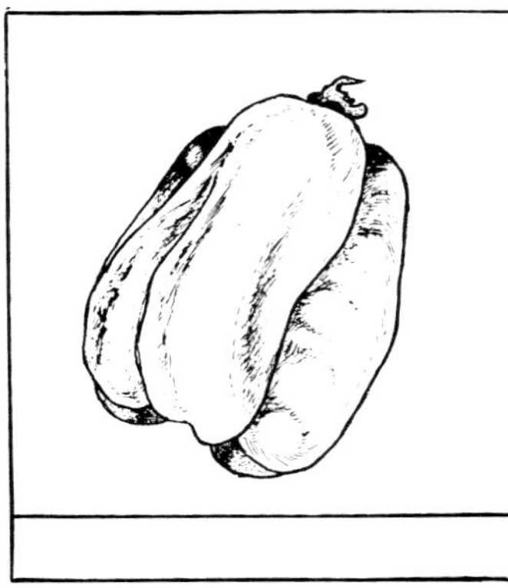

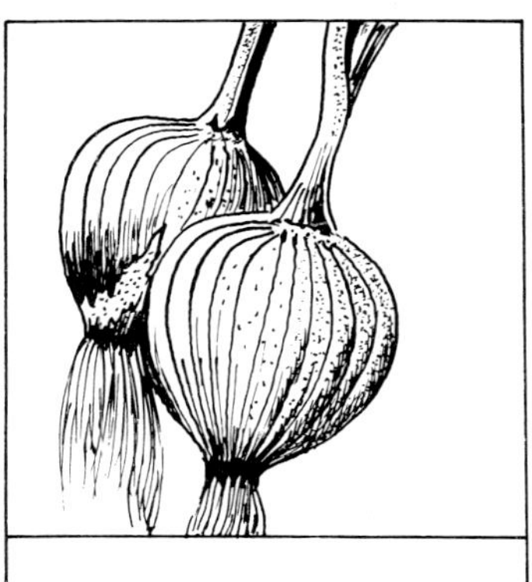

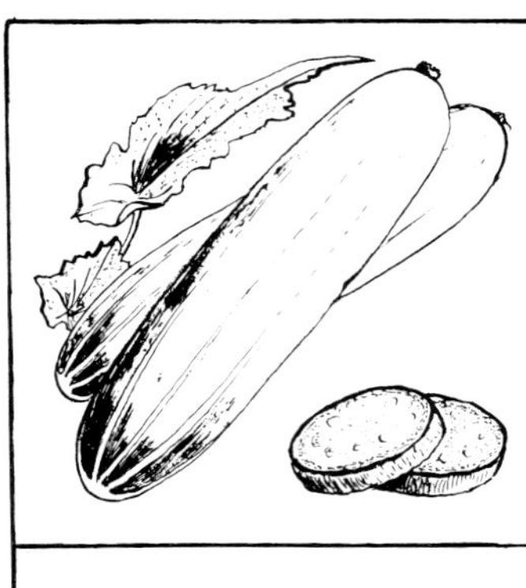

FICHE 23 bis – CINQUIÈME SÉANCE

GRAINES

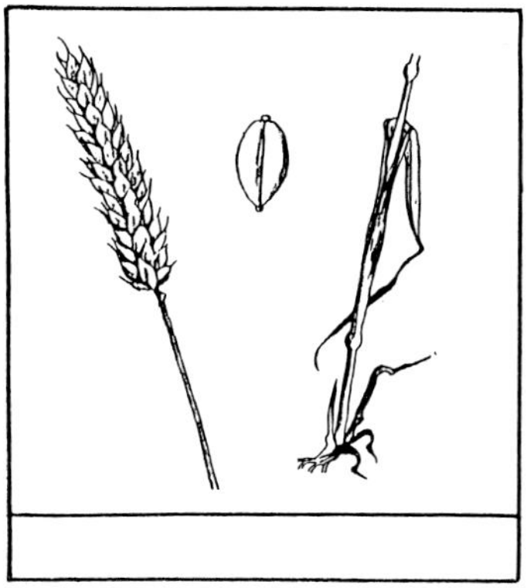

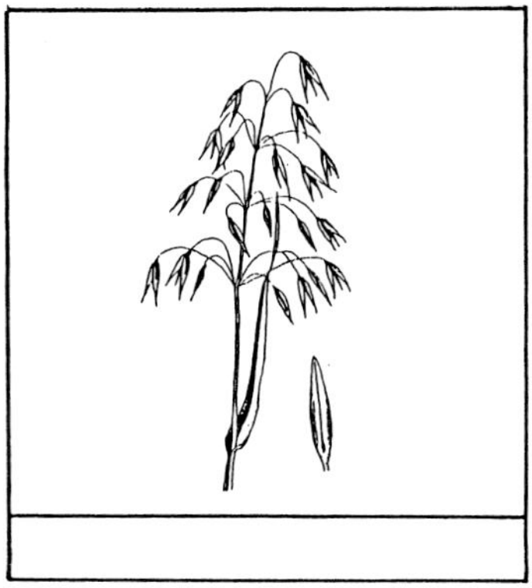

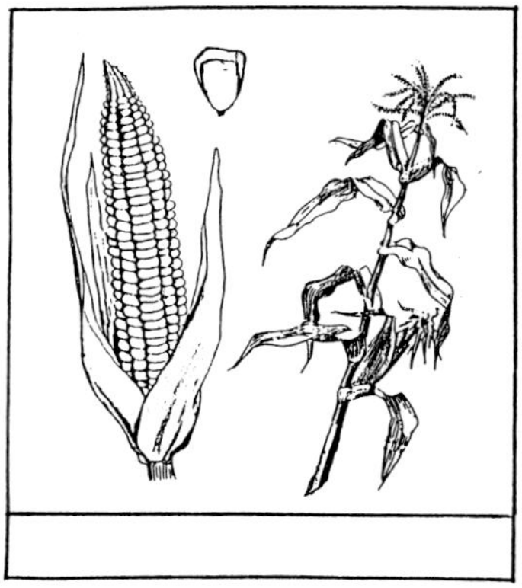

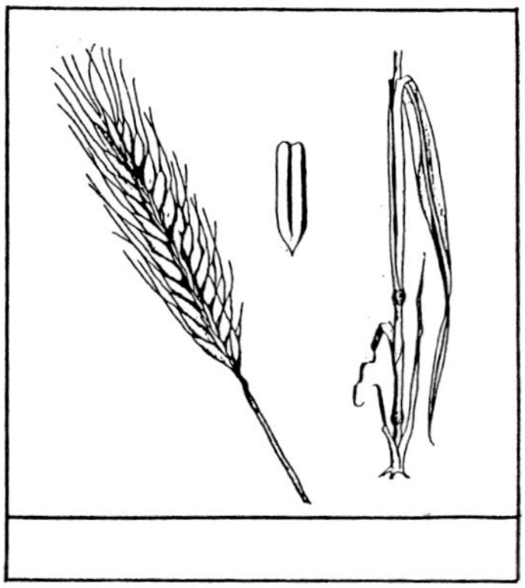

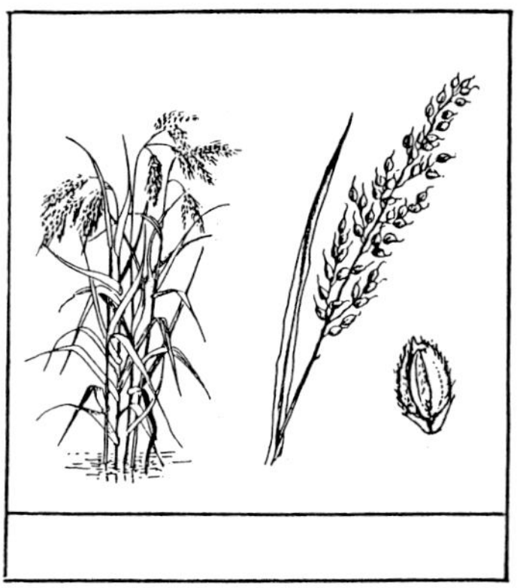

FICHE 24 - CINQUIÈME SÉANCE

DÉGUSTATION COMPARATIVE

ÉCOLE ....

NOM ....

PRÉNOM .... DATE ....

	GÂTEAU N° 1	GÂTEAU N° 2
Préférence visuelle		
Préférence en bouche		

au rejet. On a appris par expérience que la salade ou le fruit ont alors perdu leurs caractères originaux. Il n'est plus nécessaire de les porter en bouche. L'œil intervient pour nous guider, mais il possède ses limites et peut nous tromper. À nous d'être attentifs et critiques.

La couleur. La couleur peut être attirante ou, au contraire, repoussante. Le noir est neutre. Il existe des couleurs gaies ou tristes. Le bleu est peu utilisé dans l'environnement du goût.

On retrouve principalement la gamme des jaunes pâles, allant jusqu'au brun en passant par l'orange.

À la gamme des rouges, appartiennent les rosés plus ou moins orangés. Les verts s'identifient au monde végétal. Le blanc est principalement associé aux produits laitiers frais.

III. TRAVAUX DIRIGÉS

1. Relation entre les saisons et les couleurs

On propose de retrouver cette relation à l'aide de huit carrés de couleurs : bleu, rouge, vert, gris, blanc, jaune, marron, rose.

Sur la fiche aveugle 13 (voir p. 63), les huit cases correspondent aux quatre saisons : printemps, été, automne, hiver. L'enfant dépose sur ces cases les deux couleurs considérées comme correspondantes à chacune de ces saisons. Ce test permet de rapprocher la tendance colorée des aliments en fonction des saisons. Vivre les saisons, c'est écouter le rythme annuel du climat qui conditionne plus ou moins consciemment les individus. On ne doit pas l'oublier, même et surtout si l'on est citadin.

2. Relation entre les paysages de provinces françaises et leur production

C'est ici l'occasion de rappeler l'influence du climat et de la géographie sur le paysage dont découlent les productions agricoles et, en conséquence, les bases de l'alimentation. La France, à cause de son climat particulièrement équilibré, possède un garde-manger riche et complexe qui a modelé le goût des Français au long des siècles. Les provinces correspondent à de réelles frontières délimitant un milieu aux habitudes alimentaires originales.

a) L'enfant doit attribuer leur nom aux provinces figurées par un numéro sur une carte muette de la France (fiche 14, voir p. 64). Une liste des provinces avec leur numéro correspondant étant fournie (fiche 15, voir p. 65), l'élève n'a donc qu'à trouver la province sur la carte (fiches 14 et 15, voir p. 64 et 65).

b) On distribue des reproductions de paysages de provinces et de leur association alimentaire (fiches 16-17-18-19-20, voir p. 66 à 70) sous lesquelles les enfants doivent indiquer le nom de la région et celui de l'aliment correspondant. Par exemple, la vache dans un paysage de pommiers rappelle la Normandie. On lui rapproche la pomme.

Ces deux tests permettent d'apprécier l'intérêt porté par l'enfant à la relation entre le goût et la région. Du fait de l'urbanisation, du déracinement des populations, les réponses sont significatives. On peut les étudier, compte tenu des lieux de vacances des enfants, de leur origine familiale et des zones climatiques. Les réponses sont portées sur le livret (exemple, p. 114 à 117).

3. Reconnaissance de fleurs, fruits, légumes, graines

(Fiches 21-22-23-23 bis, voir p. 71 à 74.)

Des planches représentant :

des fleurs (fiche 21, voir p. 71) comme la rose, le muguet, le lys, l'œillet ;
des fruits (fiche 22, voir p. 72) comme l'orange, le cassis, la banane, le raisin, la pomme, la cerise, la poire, la framboise, la fraise ;
des légumes (fiche 23, voir p. 73) tels l'ail, le céleri, le poireau, les pommes de terre, les carottes, l'oignon, les radis, les concombres... ;
des graines (fiche 23 bis, voir p. 74) comme le blé, l'avoine, le maïs, le petit pois, le riz...
sont distribuées aux enfants.

L'enfant indique le nom de la fleur, du fruit, du légume ou de la graine au-dessous de l'image.

Cette reconnaissance permet de savoir s'il est familiarisé avec ce vocabulaire. Les réponses sont reportées sur le livret (exemple, p. 114 à 117).

4. Dégustation d'une purée de pommes de terre salée

L'élève est invité à décrire la purée : couleur, aspect. Il est normalement mis en confiance par l'apparence. Puis, on lui demande de goûter. Là, surveiller sa mimique et peut-être son refus. Ce test permet d'expliquer que si l'œil peut juger agréable un aliment, il possède ses limites. Le goût devra confirmer ce jugement. On notera le taux d'acceptabilité des enfants vis-à-vis du sel. Les résultats seront rapprochés de ceux des précédentes séances.

5. Dégustation comparative de deux gâteaux

a) apparence « neutre » mais « riche en goût » .... N° 1
b) très attirant, mais neutre en bouche .... N° 2

On peut utiliser pour ce test dans le premier cas un cake et dans le second, un pain de Savoie fade mais décoré harmonieusement.
L'élève porte sur la fiche 24 (voir p. 75) ses préférences qui seront ensuite reportées sur le livret (exemple, p. 115).
Prévoir à la fin de ce test :
Une carafe très propre remplie d'eau.
Une carafe sale où l'eau paraît trouble.

Cette démarche alertera l'enfant sur l'importance de la propreté des ustensiles de table.

Sixième séance

LE TOUCHER

I. MATÉRIEL PÉDAGOGIQUE

Tableau général du goût (tableau I, voir p. 36).
Tableau sur le toucher (tableau VIII, voir p. II).
Éprouvettes simulant différents touchers.
Eau gazeuse.
Eau froide - eau chaude.
Sorbet et granité.
Gâteaux à pâtes sablées, feuilletées, brisées.
Viande hachée et entière (fibres longues).
Œufs crus et cuits (durs ou pochés).
Cuvettes pour 15 élèves.
Fiches 25-26-27-28-29 (voir p. 78, 81, 83, 84 et 85)

FICHE 25 - SIXIÈME SÉANCE

LE TOUCHER

ÉCOLE ....

NOM .... PRÉNOM .... DATE ....

IMPRESSION	N° DE L'ÉPROUVETTE	AGRÉABLE	DÉSAGRÉABLE
Râpeux			
Dur			
Mou			
Rugueux			
Moelleux			
Doux			
Granuleux			
Soyeux			
Gazeux [1]			

1. Pour cette reconnaissance, l'enfant doit tremper sa main dans une eau contenant du gaz carbonique (eau minérale gazeuse).

II. EXPOSÉ THÉORIQUE

Le toucher est une sensation dont le rôle (conscient ou inconscient) est peu signalé. Il y a lieu de bien sensibiliser l'enfant sur cette fonction primordiale en matière de « goût ». En reprenant le tableau général I (voir p. 36), on montre que le toucher intervient pendant la dégustation. Son langage est vaste mais il passe le plus souvent inaperçu. En principe, l'équilibre des goûts et des arômes est considéré comme prioritaire. Pourtant, bien des refus sont liés au sens du toucher bien plus qu'à ces deux facteurs. Il suffit pour s'en persuader de demander aux enfants s'ils acceptent ou non de gober un œuf. On remarque ainsi les enfants qui supportent ou refusent le contact du gluant[1]. À ce stade de l'exposé, on insiste sur le fait que l'on doit être capable d'apprécier les mets des diverses civilisations. La communication avec elles s'établit mieux si l'on est apte à partager leurs habitudes alimentaires. C'est un point capital. Il correspond à une démarche personnelle nécessitant parfois un apprentissage. Celui-ci doit être fait avec doigté. Forcer maladroitement à consommer peut entraîner un dégoût, voire un refus définitif du corps devant cette sensation tactile.

À partir du tableau sur le toucher (VIII, voir p. II), on apprend le vocabulaire lié à cette stimulation : râpeux, coulant, gras, dur, mou, souple, rêche, moelleux, crémeux, velouté, maigre, filandreux, onctueux, sablé, feuilleté, granité, gluant, soyeux, granuleux... (voir liste sur le vocabulaire du toucher p. 79 et 80).

1. Important dans la cuisine chinoise.

On demande aux enfants de donner des impressions tactiles types :

- Râpeux = poire d'hiver.
- Coulant = eau sucrée.
- Souple = œufs au lait.
- Crémeux = crème anglaise.
- Velouté = potage.
- Gluant = blanc d'œuf.
- Feuilleté = mille-feuilles.
- Gras = beurre.
- Moelleux = flanc.
- Filandreux = asperge.
- Maigre = fromage écrémé.
- Granité = granité au citron.
- Soyeux = mousse au chocolat.

On dit également d'associer au sens du toucher les stimulations thermiques, le chaud et le froid. La température va activer ou atténuer les impressions du toucher. Par exemple : la glace abandonnée au soleil est molle, voire liquide. Sortant du réfrigérateur, elle est dure. L'eau froide paraît moins « coulante » que l'eau chaude. La graisse du rôti refroidie s'est solidifée...

L'influence de la température de consommation, déjà signalée, doit toujours être associée à l'ensemble des stimulations.

Vocabulaire du toucher

DUR : qui est difficile à entamer, à pénétrer.
Le fer est un métal très dur. Le noyau des fruits est dur (datte). Les pierres, le bois sont plus ou moins durs.
MOU : qui cède facilement au toucher, à la pression.
Le fromage, le beurre sont mous. La chair de certains fruits est molle (poire). En confiserie, les pâtes de fruits, certains

caramels sont mous. La pâte à modeler est molle.

RÂPEUX: qui présente des aspérités.
Rugueux comme une râpe. Le papier de verre est râpeux. Se dit également pour des aliments présentant un goût âpre et astringent. Les prunelles qui sont des petites prunes sauvages de couleur bleu-noir ont une saveur astringente.

GRANULEUX: qui est en petits grains - qui présente une surface rugueuse.
Le sable est granuleux, certains gâteaux secs sont granuleux (gâteaux « sablés »).

VISQUEUX: qui est poisseux, collant. La confiture, le miel, la colle, les sirops sont visqueux.

TENDRE: qui peut être facilement coupé, divisé. Une viande tendre est une viande qui se divise facilement avec les dents.
Ce mot s'applique aussi aux légumes et aux herbes (salade tendre).
Un pain nouvellement cuit est tendre (la qualité de ce qui est tendre est la « tendreté »).

PÂTEUX: qui a les caractères, la consistance de la pâte. Un pain qui n'est pas assez cuit est pâteux. Certains fromages peuvent avoir en bouche un caractère pâteux.

LISSE: qui n'offre aucune aspérité. La peau d'une pomme est lisse. Les cheveux sont lisses. Une surface bien polie est lisse (marbre).

PIQUANT: qui « pique », qui est susceptible de blesser: épingle, aiguilles, épines (rosier, acacia...) bogue de la châtaigne, piquants du hérisson et de l'oursin. Au sens figuré s'emploie pour les orties, la moutarde, certaines sauces fortement relevées par du vinaigre et des échalotes. Se dit également d'une température qui est très froide, d'un vent froid.

VELOUTÉ: qui est doux au toucher comme du velours ou qui a l'aspect du velours. La peau des pêches est veloutée ainsi que les pétales de certaines fleurs (pensées). Les crèmes donnent au palais une impression veloutée.

ONCTUEUX: qui produit au toucher l'impression d'un corps gras. Se dit d'une substance grasse et huileuse. Une sauce peut être onctueuse, la mayonnaise est onctueuse.

SOYEUX: qui ressemble à la soie, qui est fin et doux au toucher.
Les fourrures, les cheveux sont soyeux, ainsi que certaines feuilles.
Certaines substances minérales peuvent avoir l'apparence de la soie.

MOELLEUX: qui est à la fois consistant et doux: étoffe moelleuse (étoffe qui a du corps et qui est douce à la main). Certains gâteaux sont moelleux (gâteau de Savoie). Le pain de mie, les brioches ont une consistance moelleuse.

FEUILLETÉ: qui se désagrège en feuillets. Pâte feuilletée: pâte légère, faite avec beaucoup de beurre, et formée de plusieurs feuillets.

FRIABLE: qui se réduit au toucher en menus fragments. Les crêpes séchées sont très friables.

JUTEUX: qui produit beaucoup de jus sous la pression. Pêche juteuse, viande juteuse.

Vocabulaire relatif à la température

GLACÉ: qui est très froid comme la glace (au figuré s'emploie également pour une surface lisse et brillante comme certains papiers).

FROID: qui n'a pas de chaleur. Le vent peut être froid. En hiver, l'eau des rivières est froide. Un potage qui n'a pas

FICHE 26 - SIXIÈME SÉANCE

LE LISSE ET LE GRANULEUX

ÉCOLE ....

NOM .... PRÉNOM .... DATE ....

	SORBET	GRANITÉ
Goût dominant		
Arômes		
Impression tactile		

été consommé en temps voulu redeviendra froid.
TIÈDE: qui est entre le chaud et le froid. Eau tiède, bain tiède.
CHAUD: qui produit ou qui a de la chaleur. Pain chaud, potage chaud, marrons chauds, eau chaude, vent chaud...
BRÛLANT: qui est en feu, qui a une très grande chaleur: sables brûlants, air brûlant, métal chauffé, four de la cuisinière...

III. TRAVAUX DIRIGÉS

1. Le toucher

On utilise des « éprouvettes tactiles » (plaquettes) allant de plus ou moins rugueuses à plus ou moins douces. Les enfants passent leur doigt sur chacune et identifient ainsi l'impression du toucher correspondant. Ces impressions peuvent être ressenties de façon plus ou moins intense par les enfants et avec plus ou moins de plaisir.

Sur la fiche 25 (voir p. 78), chaque enfant note à l'aide d'une croix l'impression correspondant au numéro porté sur l'éprouvette et indique si celle-ci est agréable ou désagréable.

2. Le froid et le chaud

a) On prépare des cuvettes:
Eau froide: 8°
Eau tiède: 34°
Eau chaude: 44°
Vérifier les températures dans lesquelles les enfants plongent la main pendant 5 secondes et indiquent leurs impressions (plus ou moins chaud, tiède, froid) à l'animateur qui les note.
b) On fait ensuite goûter de l'eau froide, chaude et tiède et l'enfant indique ses impressions à l'animateur.

Ces deux tests permettent de dégager le seuil thermique de l'enfant, son acceptabilité du chaud ou du froid. Ces résultats sont très enrichissants. On pourra les rapprocher des performances olfactives. Ils sont portés sur le livret (exemple, p. 114 à 117).

3. Le lisse et le granuleux

L'animateur fait ensuite goûter comparativement un sorbet et un granité. On profite de cet exercice pour faire un rappel et demander à l'enfant de répondre sur l'équilibre des quatre saveurs et sur les arômes. Puis on s'attache au tactile. Les réponses sont portées sur la fiche 26 (voir p. 81).

4. Viande hachée et entière

On fait goûter successivement les deux viandes provenant du même morceau, l'une est hachée et l'autre entière. La cuisson a été la même: poêlée. Les viandes ont été salées.

L'enfant répondra en rayant les termes non retenus dans la fiche 27 (voir p. 83).

5. Le gluant

On essaie (sans insister) de faire goûter du blanc d'œuf frais afin de mémoriser le gluant. Les résultats sont notés sur le livret p. 114 à 117.

6. Du sablé au feuilleté

On compare des gâteaux (ils peuvent être préparés à l'école) faits à partir de différentes pâtes: sablée, brisée, feuilletée. Les enfants identifient les préparations et notent sur la fiche leurs impressions. (Voir fiche 28, p. 84.) On termine par un verre de limonade servi à 14° en demandant aux enfants avec quel gâteau ils préfèrent consommer cette boisson. Les préférences sont notées de 1 à 3 sur la fiche 29 (voir p. 85).

FICHE 27 - SIXIÈME SÉANCE

VIANDE

ÉCOLE ....

NOM .... PRÉNOM .... DATE ....

	VIANDE HACHÉE	VIANDE ENTIÈRE
Tendreté	faible - normale - forte	faible - normale - forte
Goût	agréable - très agréable	agréable - très agréable
Arômes	très développés peu développés	très développés peu développés
Persistance des arômes après avoir avalé	faible - longue	faible - longue

FICHE 28 - SIXIÈME SÉANCE

PÂTES

ÉCOLE ....

NOM .... PRÉNOM .... DATE ....

	N° DU GÂTEAU	AGRÉABLE	DÉSAGRÉABLE
Sablée			
Brisée			
Feuilletée			

FICHE 29 - SIXIÈME SÉANCE

PÂTES ET BOISSONS

ÉCOLE ....

NOM .... PRÉNOM .... DATE ....

GÂTEAU	IMPRESSION AGRÉABLE DE LA LIMONADE		
Sablé	1	2	3
Brisé	1	2	3
Feuilleté	1	2	3

Septième séance

LE GOÛT FACE À CERTAINES AGRESSIONS

I. MATÉRIEL PÉDAGOGIQUE

Tableau général sur l'examen sensoriel (tableau I, voir p. 36).
Lecteur de cassettes.
Cassettes reproduisant le bruit d'une cantine.
Solutions de tanin à 2 g/l.
Piment.
Petites plaques de tôle de cuivre - épaisseur de 0,5 mm, de 1 cm de large sur 5 de long (une par enfant).
Eau de table nature.
Eau de table gazeuse.
Biscottes.
Bananes.
Pommes.
Walkman (facultatif).
Limonade.
Sirop de fraise.
Sardines à l'huile.
Radis.
Poivre.
Menthol (sirop de menthe).
Yaourts (deux par enfant).

II. EXPOSÉ THÉORIQUE

On évoque maintenant la notion d'agression. Celle-ci a deux aspects. On peut se sentir agressé par la dégustation de certains aliments ou de certaines boissons, mais les agressions peuvent, aussi, venir de l'extérieur.

Dans ce cas, elles appartiennent à l'environnement et sont *associées* à l'acte de manger. Par exemple : le bruit et le comportement des gens autour de soi.

A. Agressions et aliments

Les aliments peuvent produire des sensations qui agressent le corps de la même nature que la piqûre du moustique, la chute sur le macadam qui râpe la peau, la brûlure des orties.

À partir du tableau général I (voir p. 36), nous retrouvons ces impressions sous la rubrique « stimulations chimiques ». Elles se traduisent par des impressions plus ou moins métalliques, astringentes, brûlantes, piquantes. Ce ne sont donc pas des goûts.

1) Le métallique. C'est une impression générale associée le plus souvent aux contacts avec les métaux.

Dans les corps gras, ou bien le métallique correspond à une évolution vers le rance ou bien l'aliment a subi un contact prolongé avec des récipients métalliques.

Dans les boissons, le contact avec des matériaux métalliques comme le fer ou le cuivre peut entraîner des modifications sensorielles.

Dans le lait, le phénomène est lié au contact exagéré avec l'air. On le rencontre également dans le thé (thé non flétri) ; dans les conserves, il est dû, parfois, à l'oxydation des boîtes en fer blanc.

D'une façon générale, c'est un aspect négatif pour l'aliment ou la boisson. Il faut le connaître afin de l'exclure.

2) L'astringence. Elle est le résultat d'une contraction des muqueuses. Ce phénomène est souvent observé avec le contact de certains vins rouges tanniques, ou bien du café, du cacao. C'est une stimulation acceptée facilement par les adultes. Elle exige un certain apprentissage.

3) Sensation de brûlure : qu'est-ce que le brûlant ? Il s'agit d'une sensation de chaleur provoquée par des agents comme l'alcool ou les épices telles que le piment. Ce sont des stimulations à réserver aux adultes.

4) Le piquant. C'est une stimulation courante, en particulier dans les boissons. Elle sera illustrée par le contact du gaz carbonique présent dans l'eau, dans des légumes comme le radis, les oignons, l'ail, dans des épices telles le poivre.

B. Agressions sonores

Elles ont deux origines principales. Elles peuvent soit être liées à la mastication des aliments, soit provenir des bruits extérieurs. Ceux-ci viennent modifier les performances sensorielles des sujets.

Le phénomène auditif va jouer un rôle important car certains supportent mal le bruit. Aussi bien celui provoqué par les aliments en bouche, que celui provenant de l'extérieur.

1) Le bruit des aliments pendant la dégustation. En bouche, l'aliment nous confirmera sa nature. Il « dira » : Je suis craquant, croustillant, mou...

Les bruits font donc partie de l'univers du goût. Les aliments sont croqués, alors ils craquent : ils se divisent en émettant un son sec propre à leur nature. Il est utile pour l'enfant d'apprendre à mémoriser ces bruits.

2) Bruit et environnement. Parmi bien d'autres, le bruit est une agression pour l'individu. On sait que les phénomènes digestifs sont modifiés par les effets du bruit. On sait également que les impressions sensorielles sont altérées dans un fond sonore. Le produit perd de sa valeur. Il devient plus neutre. Manger dans le bruit ne permet pas de profiter pleinement de son repas.

Les bruits proviennent également des discussions à table. Une salle à manger n'est pas une tribune, ni un champ de foire...

C. Agressions diverses

Les aliments sont prétextes à de multiples agressions. Attention aux incitations sournoises de la publicité. Attention aux fards tels les colorants, les parfums, qui attirent et trompent. C'est là un vaste domaine délicat à aborder. Pourtant, il ne paraît pas souhaitable qu'une société profite de la naïveté de l'enfant et de sa vulnérabilité pour le pousser à consommer tel ou tel produit seulement à partir d'une publicité.

III. TRAVAUX DIRIGÉS

A. Agressions et aliments

L'animateur notera les réactions des enfants aux tests suivants sur la fiche 30 (voir p. 88).

1) Le métallique. On fait sucer un court instant une éprouvette métallique en cuivre aux enfants. Puis, on les fait se rincer la bouche avec un verre d'eau.

On fait goûter une sardine à l'huile provenant d'une boîte ouverte la veille et conservée au réfrigérateur à 4 °C.

2) Mémorisation de la stimulation astringente. On fait goûter à l'enfant dans un verre la solution de tanin, afin de bien mémoriser cette impression. On note son acceptation ou son refus.

On fait manger un peu de pain « pour effacer » cette sensation.

FICHE 30 - SEPTIÈME SÉANCE

AGRESSIONS ET ALIMENTS

ÉCOLE ....

NOM .... PRÉNOM .... DATE ....

ACCEPTABILITÉ	FAIBLE	NORMALE	ÉLEVÉE
Métallique			
Astringence			
Brûlant			
Piquant			

FICHE 31 - SEPTIÈME SÉANCE

BRUITS ET ALIMENTS

ÉCOLE ....

NOM .... PRÉNOM .... DATE ....

IMPRESSIONS DE LA POMME ET DE LA BANANE

Préférez-vous le bruit provoqué par :

- la pomme .... OUI .... NON

- la banane .... OUI .... NON

FICHE 32 - SEPTIÈME SÉANCE

BRUIT ET ENVIRONNEMENT

ÉCOLE ....

NOM .... PRÉNOM .... DATE ....

IMPRESSIONS / CARACTÈRES	FAIBLE	MOYEN	ÉLEVÉ
Sucré			
Gazeux			
Arôme de fraise			

FICHE 33 - SEPTIÈME SÉANCE

AGRESSIONS DIVERSES

ÉCOLE ....

NOM .... PRÉNOM .... DATE ....

IMPRESSIONS	TÉMOIN			ROUGE			JAUNE			VERT		
Couleur préférée	1	3	5	1	3	5	1	3	5	1	3	5
Sucré	1	3	5	1	3	5	1	3	5	1	3	5
Acide	1	3	5	1	3	5	1	3	5	1	3	5
Onctuosité	1	3	5	1	3	5	1	3	5	1	3	5
Préférence générale												

(Entourer la valeur retenue.)

3) Le brûlant. Pour illustrer cette impression, procéder de la manière suivante :

a) Faire placer à l'enfant contre sa paroi buccale une particule de piment. On lui demande de la sucer. Il mange ensuite un morceau de pain afin de résorber la sensation. Il remarquera également l'impression aromatique du piment.

b) Faire ensuite un essai avec, en comparaison, une solution d'eau servie à 8° et une autre contenant du menthol servie à la même température. On montre ainsi le caractère brûlant du menthol et son association à une sensation de fraîcheur.

4) Le piquant. On fait goûter deux verres d'eau à la même température de 10°. L'un contient de l'eau plate, l'autre de l'eau de table gazeuse. Les enfants feront la différence en notant le caractère piquant apporté par le gaz carbonique.

Des légumes comme le radis provoquant cette même impression, on peut les présenter aux enfants. Le poivre est également piquant.

B. Agressions sonores

1) Bruit et aliments. Pour illustrer ces phénomènes, on propose les exercices suivants :

a) On fait consommer une pomme assez verte. Les enfants enregistreront le craquant du fruit. On en profitera pour associer les autres stimulations du goût et les faire décrire aux enfants.

b) En opposition, on fait goûter une banane afin d'illustrer l'impression du mou, du « sans bruit » - l'impression feutrée de l'aliment. On note les réactions des enfants dans les deux cas (fiche 31, voir p. 89).

c) On fait saliver l'enfant en claquant la langue. Puis on lui demande de se boucher les oreilles. Il entend alors moins bien le bruit fait dans sa bouche. Il ne s'entend plus manger. On peut faire la même expérience en posant sur ses oreilles un « walkman ». Cette opération démontre la nécessité de libérer l'oreille lorsque l'on mange.

d) On fait goûter une biscotte. Les enfants ont l'impression d'un craquant plus sec. On recommence avec une feuille de salade, pour montrer une autre tonalité.

On continue en faisant goûter un croissant ; l'impression du croustillant sera ainsi mémorisée.

2) Bruit et environnement. On fait goûter à l'enfant une limonade aromatisée au sirop de fraise.

Il décrira cette boisson sur la fiche 32 (voir p. 90). On fait ensuite écouter une cassette reproduisant des bruits enregistrés dans une cantine.

Après quinze secondes, on demande à l'enfant de regoûter la même boisson. Il doit alors remplir la même fiche une nouvelle fois (fiche 32, voir p. 90). On demande aux élèves s'ils ont trouvé une différence ou pas.

On explique alors que le bruit a « altéré » leur goût. Le niveau de leurs performances de reconnaissance a été affaibli. Ils ont perdu un plaisir sensoriel à cause de l'excès de bruit.

3) Agressions diverses. On servira quatre parts de yaourts.

a) pot témoin ;

b) yaourt coloré en rouge ;

c) yaourt coloré en vert ;

d) yaourt coloré en jaune.

Après les avoir goûtées, les enfants

remplissent la fiche 33 (voir p. 91) où ils indiquent leur jugement en attribuant la note 1, 3 ou 5 à chacune des parts. La couleur a-t-elle apporté un plus sur le plan gustatif ?

Ou bien n'a-t-elle fait travailler que l'imaginaire ?

Huitième séance

CONNAÎTRE SA RÉGION

I. MATÉRIEL PÉDAGOGIQUE

Tableau général sur le goût (tableau I, voir p. 36).
Carte de France - Grands climats - (fiche 34, voir p. 96).
Carte climatologique - nombre de jours sans gelée (fiche 35, voir p. 97).
Carte muette et liste des provinces françaises (fiches 37 et 38, voir p. 102 et 103).
Cartes des ressources agricoles et alimentaires de la France (fiches 36^1 à 36^4, voir p. 98 à 101).
Carte des provinces (fiche 14, voir p. 64) (deux par enfant).
Images des provinces associées aux préparations culinaires régionales (fiches 16-17-18-19-20, voir p. 66 à 69).
Fromages de France : Comté — Saint-Nectaire.
Pain.
Encaustique à l'essence de térébenthine contenue dans un petit poudrier (20 cm^3).
Plantes contenues dans des petits poudriers - thym, laurier, romarin.
Parfum à la violette contenu dans un petit poudrier.
Parfum à la rose contenu dans un petit poudrier.
Huîtres.
Crevettes grises.
Beurre salé.
Cerises fraîches (ou en conserves au naturel).
Châtaignes.
Pommes.
Sirop de framboise (ou framboises fraîches).

Remarque : Pour les poudriers de reconnaissance, il faut en compter au minimum un pour deux élèves, l'idéal étant un par élève.
Fiches 39-40-41 (voir p. 104 à 106).

II. EXPOSÉ THÉORIQUE

Les productions agricoles et les ressources alimentaires qui en découlent sont en relation directe avec les conditions climatiques d'un pays. Le terroir vient parfaire ces expressions originales - carte des grands climats (fiche 34, voir p. 96).

Elle montre les influences majeures climatiques sur le sol français. Les grandes régions naturelles en sont le reflet. L'identité de nos provinces en découle.

– Carte des jours sans gelée (fiche 35, voir p. 97).

Elle permet de rapprocher les limites des conditions de production de celles du climat.

– Cartes des principales ressources agricoles et alimentaires en France (fiches 36, voir p. 98 à 101).

On s'aperçoit qu'il existe une assez bonne répartition des zones de production, même si quelques-unes sont plus favorisées que d'autres. Si la rapidité des transports et certains facteurs sociaux ont quelque peu bousculé les habitudes de production, les habitudes de vie, dont l'alimentation fait partie, demeurent.

On passe en revue à partir de la carte les productions suivantes : élevage, polyculture, céréales, légumes, production laitière, fruits, vignes (voir fiches 36^1 à 36^4, p. 98 à 101).

L'évocation des régions est ainsi riche d'enseignement. On associe mieux la notion de climat aux possibilités naturelles de production. On comprend alors les accents de la cuisine des provinces. Par quelques exemples, on démontre le rapprochement de ces productions locales avec le goût. En Normandie, l'olivier ne pousse pas, le corps gras privilégié est donc le beurre. En Provence, la sécheresse limite l'élevage. C'est l'huile d'olive qui intervient dans la cuisine. Dans le Massif central où le froid est prépondérant, on se tourne vers le saindoux, remplacé par la graisse d'oie lorsque l'on approche du climat atlantique, plus clément.

III. TRAVAUX DIRIGÉS

1. Provinces françaises

On distribue à chaque enfant une carte de France (fiche 37, voir p. 102) sur laquelle quelques provinces sont numérotées. Sur une liste (fiche 38, voir p. 103) portant le nom de chacune d'elles, les enfants doivent indiquer le numéro correspondant à la province.

Cet exercice a déjà été abordé à la sixième séance. Il permet de voir si l'enfant a progressé, s'il est intéressé par la géographie alimentaire de la France. Les résultats seront reportés par l'animateur sur la fiche 41 (voir p. 106).

2. La France et son climat

Sur la carte complète des provinces de France (fiche 14, voir p. 64), il est demandé aux élèves de placer une croix sur les dix provinces les plus chaudes de France, puis sur les dix provinces les plus humides (sur une nouvelle carte). Les résultats seront reportés sur la fiche 41 (voir p. 106).

3. Goût et provinces

Les travaux consistent en s'aidant du jeu d'images (fiches 16 à 20, voir p. 66 à 70), à rapprocher les paysages des provinces des habitudes alimentaires locales.

Les réactions des enfants seront reportées par l'animateur sur la fiche 41 (voir p. 106).

a) La Savoie (fiche 19, haut, voir p. 69). Le village, avec son église, est typique de la Savoie. Le plat associé est la fondue savoyarde. Elle se prépare avec le fromage de Comté. Grâce à ses prairies de montagnes, le fromage de vache est renommé. On y ajoute le kirsch, qui provient de la distillation du jus de cerises fermentées, le vin blanc des vignobles de Savoie, et un peu d'ail. Le pain servira à préparer des petites bouchées trempées dans la « fondue ». D'où vient ce mot ? Du fromage qui devient filant lorsque la chaleur le fait fondre, tout simplement.

Faire goûter un morceau de Comté fondu. Si cela est possible, faire fondre le fromage en présence des enfants.

b) L'Auvergne (fiche 19, centre, voir p. 69). Autre pays de montagnes, avec ses pâturages. L'association se fait autour de fromages : Saint-Nectaire, Fourme-d'Ambert. On fait goûter un morceau de Saint-Nectaire.

c) La Beauce (fiche 19, bas, voir p. 69). C'est le grenier de la France. Climat tempéré de vaste plaine sur un sol calcaire. Il est propice à la culture du blé. Le pain illustre cette province. On fait goûter une petite tartine de pain.

d) Les Landes (fiche 17, haut, voir p. 67). La forêt de pins des Landes est le reflet de cette région où le sable a été maintenu grâce à la forêt. On l'associe au bourgeon du pin, et à la résine dont on extrait l'essence de térébenthine.

On fait sentir de l'encaustique à l'essence de térébenthine contenue dans un petit poudrier.

e) La Bretagne (fiche 17, bas, voir p. 67). Les paysages de menhirs symbolisent cette région. Le « goût » est associé aux fruits de mer, en l'occurrence l'huître.

On fait goûter une huître aux enfants. Pour ceux qui ne l'acceptent pas, ne pas insister et remplacer par une crevette grise fraîche. On peut l'accompagner d'une petite tartine de pain de seigle avec du beurre salé.

f) La Provence (fiche 20, haut, voir p. 70). Le cliché provençal est associé aux plantes aromatiques : thym, laurier, romarin du pays qui entrent dans la cuisine. Parler, en particulier, de la viande grillée recouverte des herbes de Provence.

On fait reconnaître l'odeur de ces herbes enfermées dans de petits poudriers (thym - laurier - romarin).

g) Toulouse (fiche 20, bas, voir p. 70). Il s'agit là d'une ville qui baigne dans le « rose » de ses monuments de brique. On lui associe une fleur : la violette. On fait sentir l'odeur de violette contenue dans le poudrier.

h) Le Pays de Loire (fiche 18, haut, voir p. 68). Illustré par le château d'Azay-Le-Rideau en Touraine. On rapproche la rose dont l'Anjou produit une multitude d'expressions. (Faire reconnaître l'odeur de la rose.)

i) La Lorraine (fiche 18, centre, voir p. 68). Cette province évoque un contexte industriel... et pour l'assiette, les cerises. On fait goûter aux enfants (en saison) les cerises en leur demandant de les décrire (fiche 39, voir p. 104). Hors saison, on peut utiliser des cerises au naturel.

j) La Bourgogne (fiche 18, bas, voir p. 68). Paysage classique des vignobles bourguignons. On choisira le cassis comme élément évocateur ainsi que la moutarde. On fait reconnaître l'odeur de cassis, puis celle de la moutarde. (Attention, qu'elle ne soit pas trop forte.) Occasion de rappeler que pour sentir il faut placer l'objet à la hauteur de la poitrine puis le remonter tranquillement vers le nez. Cette précaution évite d'être suffoqué par des « odeurs » puissantes.

k) Le Limousin (fiche 16, haut, voir p. 66). La forêt de chênes et ses glands dont se nourrissent les sangliers sont l'image de cette région au cœur de la France. On lui associe la châtaigne. On fait goûter aux enfants des châtaignes cuites à l'eau salée. Chaque élève épluchera la châtaigne et devra décrire ses impressions sur la fiche 40 (voir p. 105). Hors saison, on peut utiliser des châtaignes en conserve.

l) La Normandie (fiche 16, centre, voir p. 66). On ne peut ignorer les vertes prairies de cette région et sa production laitière. On l'illustre également par la pomme et son jus fermenté, le cidre.

CARTE DE FRANCE – GRANDS CLIMATS

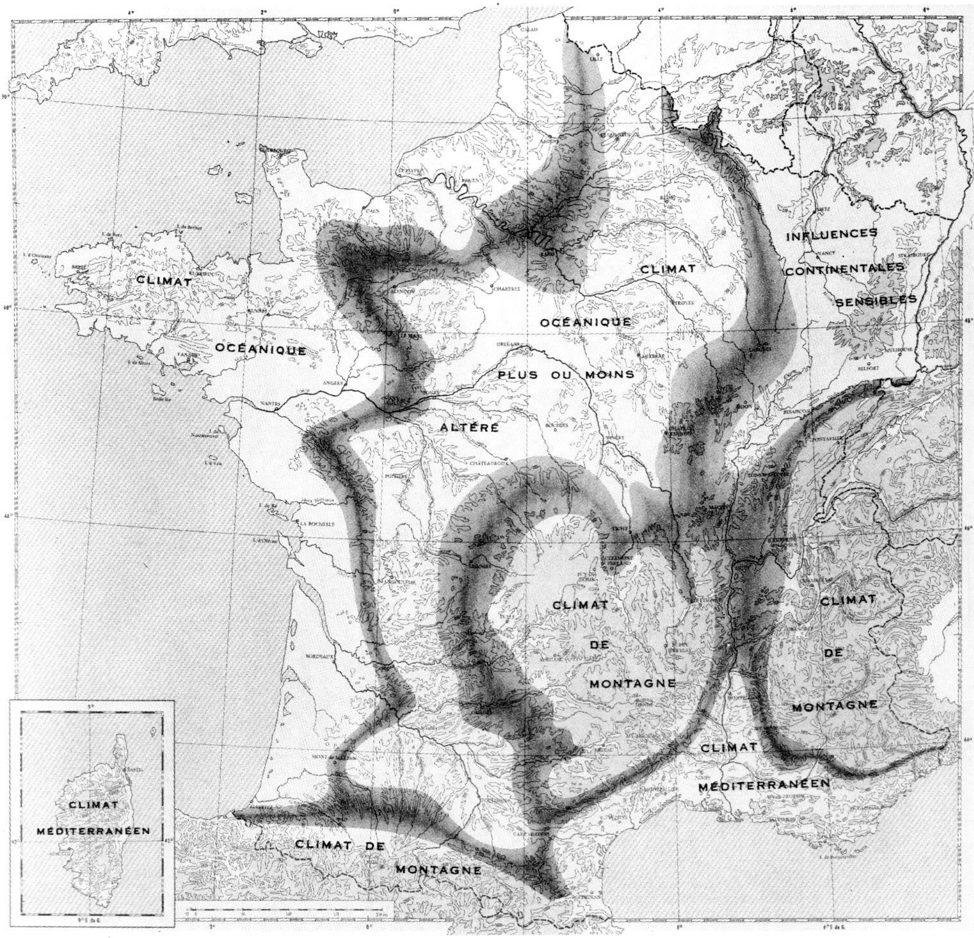

Carte Climatologique

NOMBRE DE JOURS SANS GELÉE.

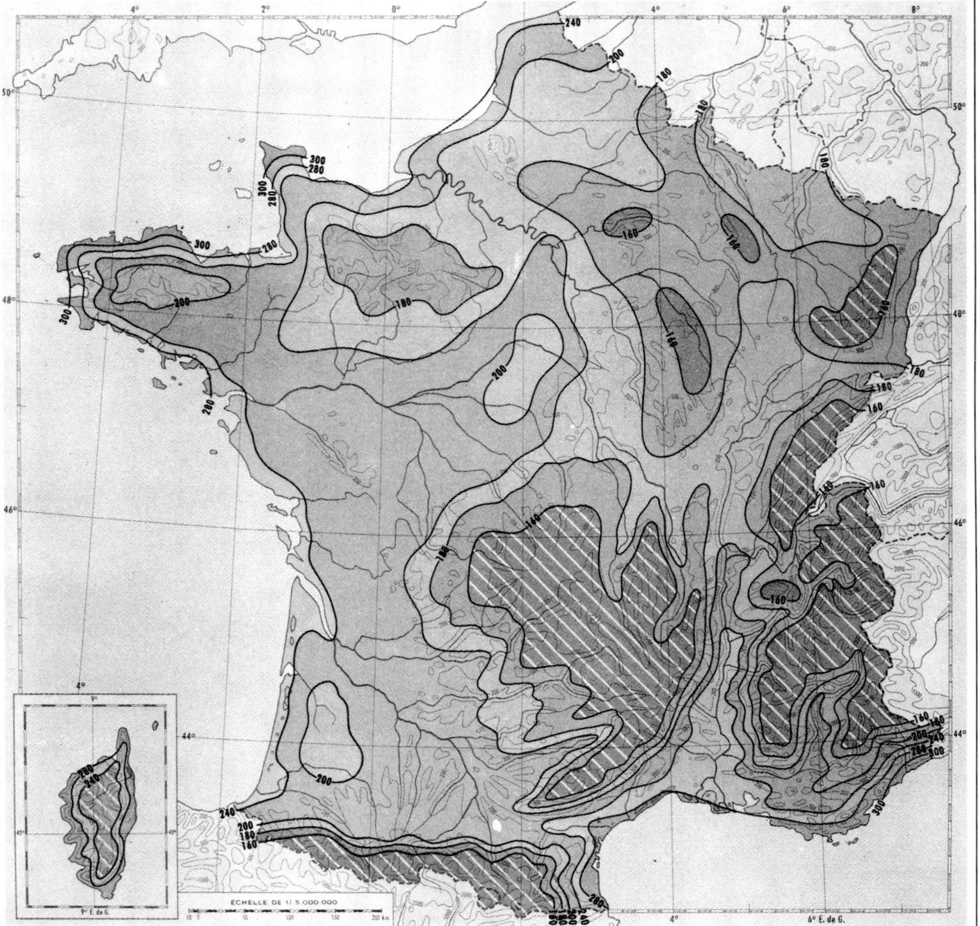

RESSOURCES AGRICOLES ET ALIMENTAIRES
ÉLEVAGE

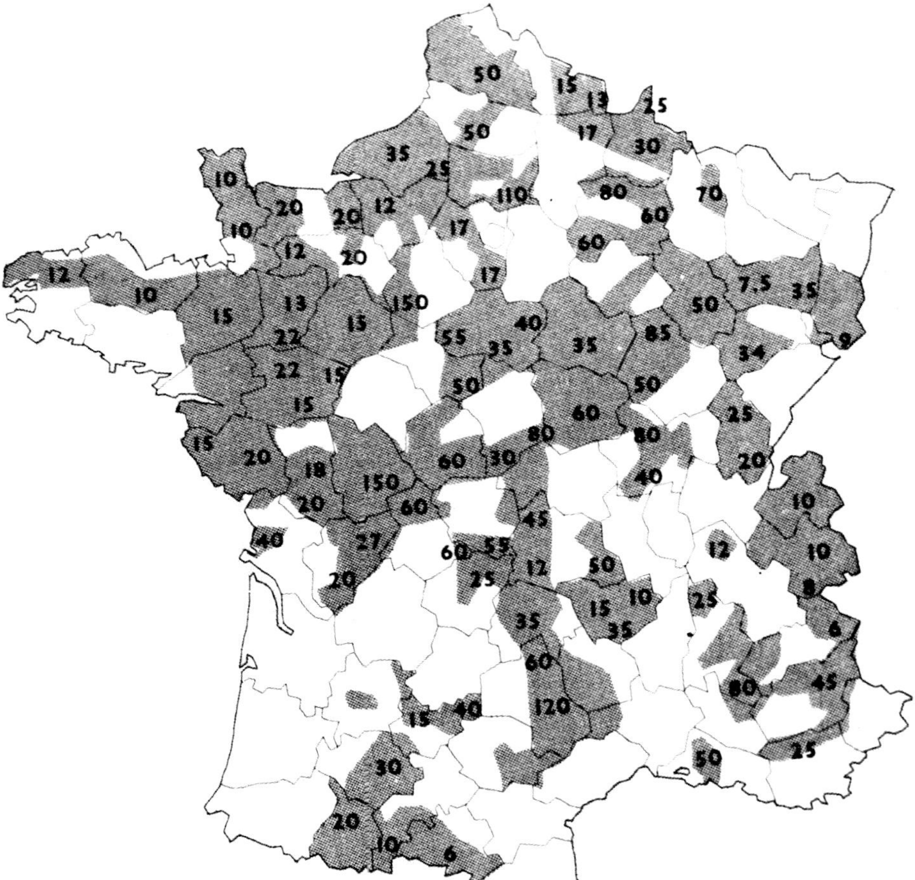

Pour cette carte et les trois suivantes, les chiffres indiquent la superficie moyenne des exploitations (en ha).

En grisé : zones d'élevage.

RESSOURCES AGRICOLES ET ALIMENTAIRES POLYCULTURE

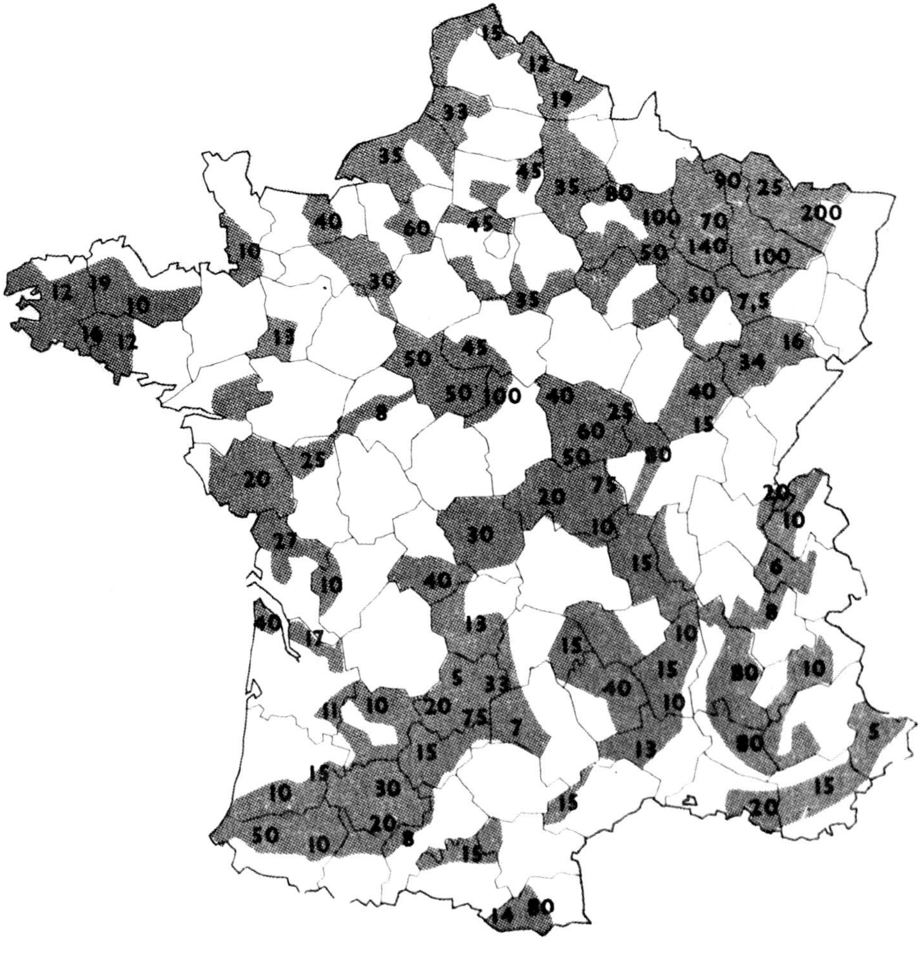

En grisé : polyculture.

RESSOURCES AGRICOLES ET ALIMENTAIRES CÉRÉALES

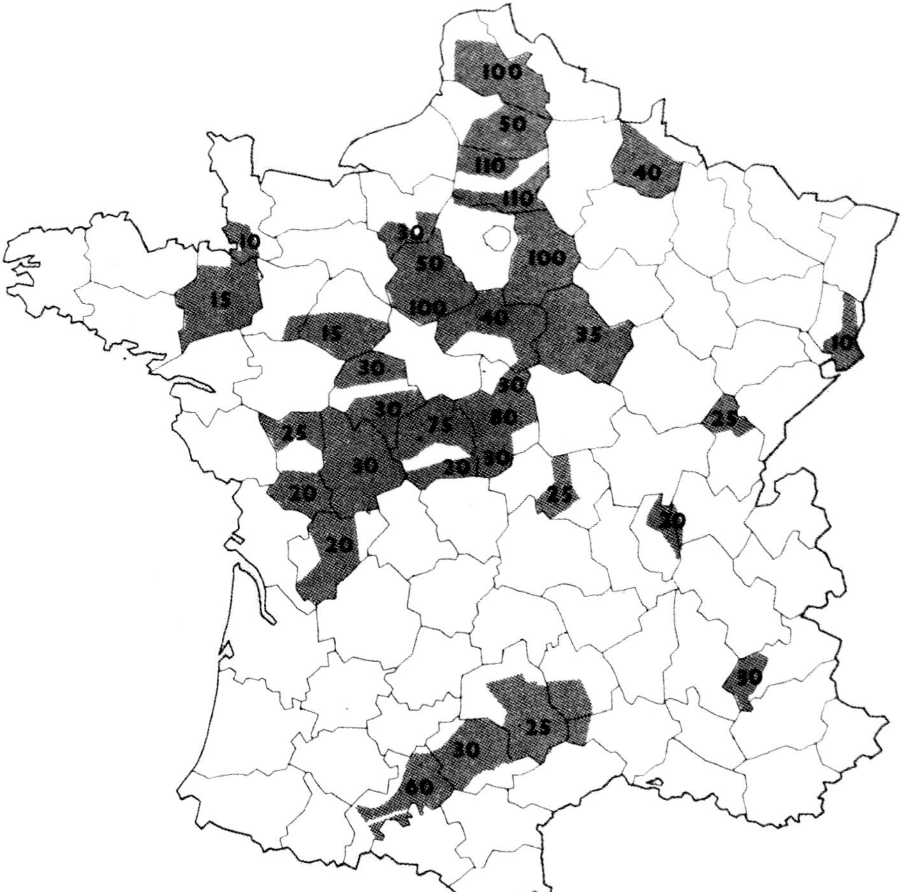

En grisé : culture de céréales.

RESSOURCES AGRICOLES ET ALIMENTAIRES
LÉGUMES, FRUITS, FLEURS, VIGNES

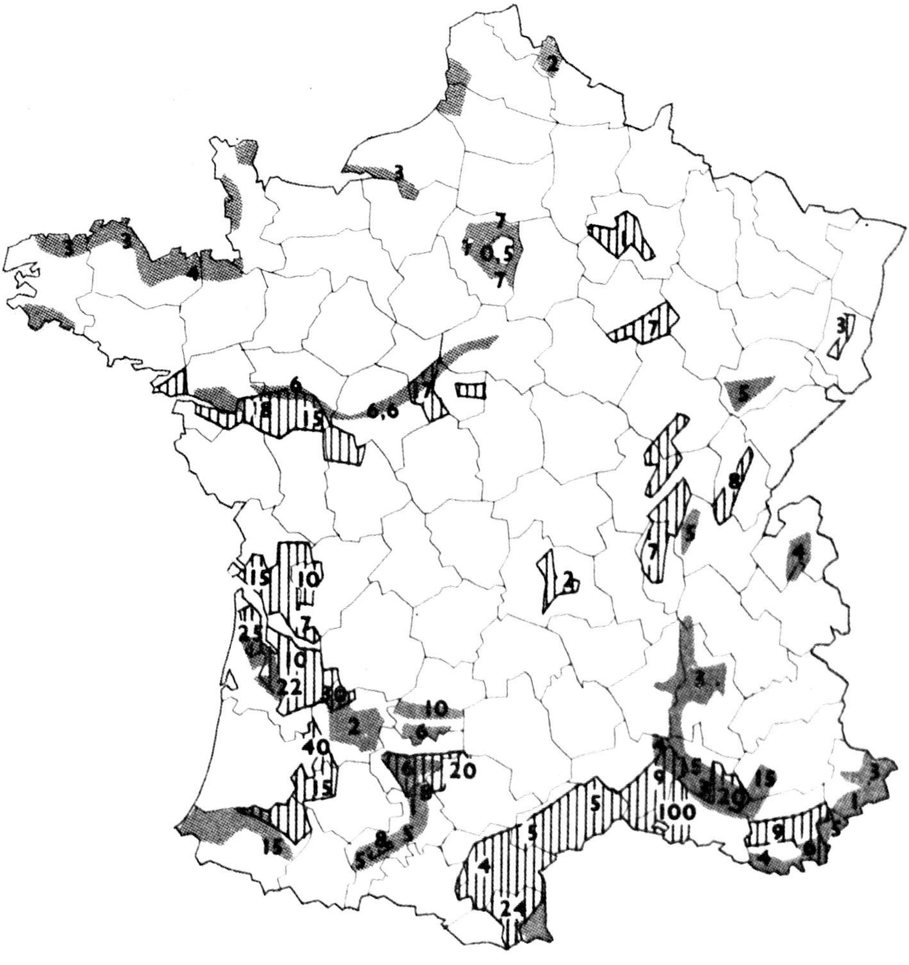

En grisé : légumes, fruits, fleurs ; en rayé : vignes.

PROVINCES ET RÉGIONS DE FRANCE

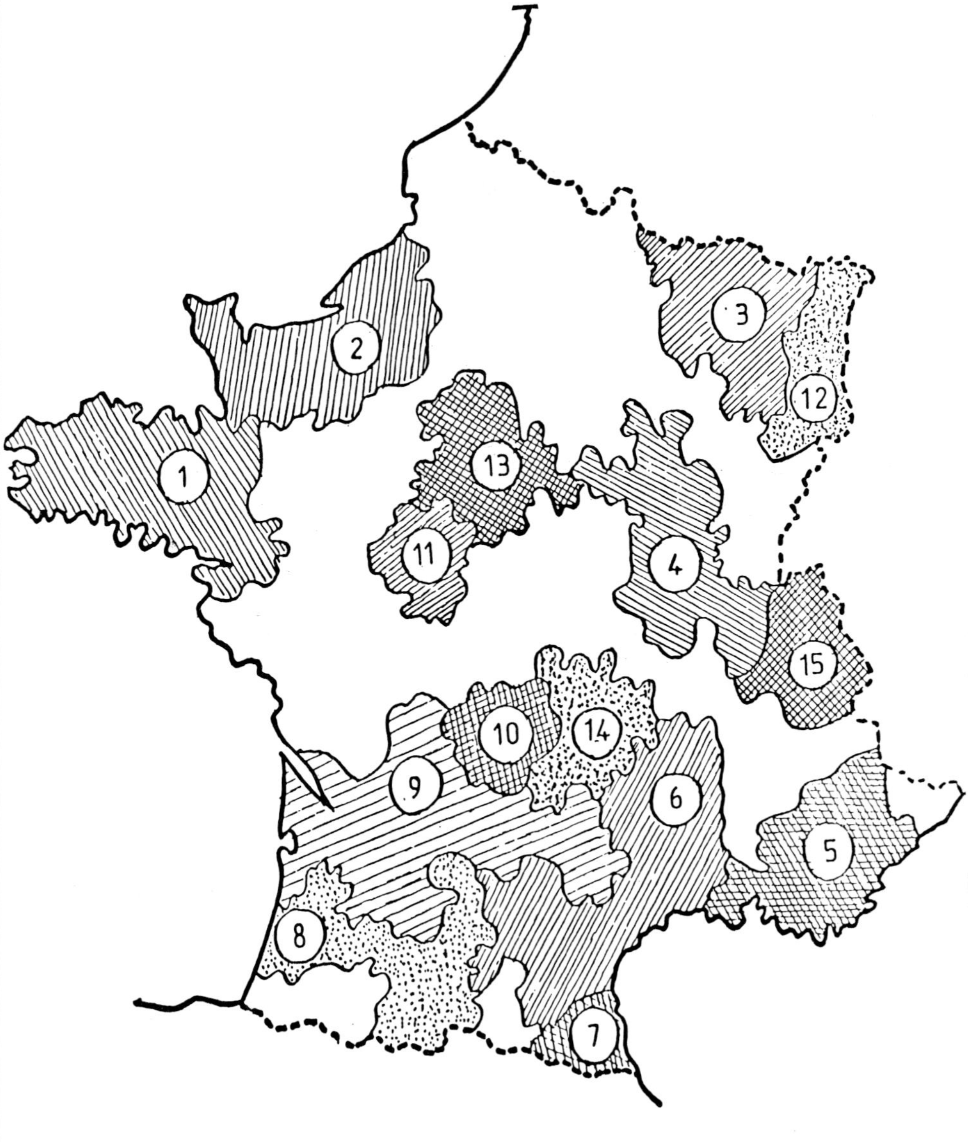

FICHE 38 – HUITIÈME SÉANCE

LES PROVINCES DE FRANCE

ALSACE
ANGOUMOIS
ANJOU
ARTOIS
AUNIS ET SAINTONGE
AUVERGNE
BRETAGNE
BERRY
BOURBONNAIS
BOURGOGNE
BÉARN
CHAMPAGNE
CORSE
DAUPHINÉ
FLANDRE
FRANCHE-COMTÉ
FOIX (COMTÉ DE)
GASCOGNE (LANDES)
GUYENNE (PÉRIGORD)
ÎLE-DE-FRANCE
LANGUEDOC
LIMOUSIN
LORRAINE
LYONNAIS
MAINE
MANCHE
NICE
NIVERNAIS
NORMANDIE
ORLÉANAIS (BEAUCE)
PICARDIE
POITOU
PROVENCE
ROUSSILLON
SAVOIE
TOURAINE
VENAISSIN (COMTAT)

FICHE 39 - HUITIÈME SÉANCE

DÉGUSTATION DE CERISE

ÉCOLE ....

NOM .... PRÉNOM .... DATE ....

Couleur	vert	rouge	bleu
Odeur	faible	forte	
Fermeté de la chair	mou	dur	
Sucré dominant	oui	non	
Acide dominant	oui	non	
Jutosité	faible	forte	normale

(Entourer l'impression retenue.)

FICHE 40 - HUITIÈME SÉANCE

DÉGUSTATION DE CHÂTAIGNE

ÉCOLE ....

NOM .... PRÉNOM .... DATE ....

Couleur	rouge	marron	gris
Odeur	forte	douce	faible
Jutosité	faible	forte	
Impression tactile	farineuse	molle	dure
Goût	sucré salé		amer acide

(Entourer l'impression retenue.)

FICHE 41 - HUITIÈME SÉANCE				
PROVINCES FRANÇAISES – RÉSULTATS				
Nom des enfants	Sur quinze provinces françaises, nombre identifié	Provinces les plus chaudes	Provinces les plus humides	Impressions d'ensemble sur les tests de production par province

L'animateur fait déguster aux enfants une petite tartine de pain beurré accompagnée d'un quartier de pomme. Préciser : le pain apporte le sec, le beurre le gras, la pomme l'aqueux avec son sucré, son acide et ses arômes propres.

m) L'Alsace (fiche 16, bas, voir p. 66). La rue de village alsacien avec la cigogne correspond bien à l'image que l'on a de cette province. On l'associe à la production de framboise. On fait déguster un sirop de framboise dilué dans de l'eau fraîche (ou mieux ces fruits à la saison).

Remarque : Cette huitième séance se déroule au moment du repas de midi, les produits des travaux dirigés étant substantiels...

Neuvième séance

RÉCAPITULATION

I. MATÉRIEL PÉDAGOGIQUE

Tableau général sur le goût (tableau I, voir p. 36).
Tableau sur le cheminement des stimulations (tableau IX, voir p. 108).
Tableau de la langue III (voir p. I).
Tableau de la tête V (voir p. I).
Citron - crème fraîche - pâtes - lait - yaourt - fromage de Comté - huile d'olive - huile de noix - beurre - saindoux - saucisse de Strasbourg - saucisse de Toulouse - confiture de prune - abricot - orange - coing - sablé - pâtes - bonbon au citron - gâteau bavarois aux fraises ou autres fruits.
Fiches 42-43-44 (voir p. 110 à 112).

II. EXPOSÉ THÉORIQUE

Il existe entre l'aliment et le cerveau un jeu réciproque d'informations, de questions, de réponses. L'œil dit : « Cette pêche choisie sur l'arbre est belle, sa couleur est d'un rouge pourpre annonçant une chair blanche bien mûre. » Le cerveau enregistre. Il commande à la main de saisir la pêche, de la sentir. Le nez confirme l'odeur d'une pêche bien mûre, le cerveau enregistre et commande à la main de porter la pêche veloutée à la bouche. Celle-ci se referme. Alors une foule d'informations arrive au cortex cérébral. Comme dans un central téléphonique qui est envahi par les communications. La pêche raconte : « Je suis juteuse, tendre, mon jus est sucré avec une pointe de verdeur. Mes arômes sont ceux de la pêche encore toute chaude du soleil de Provence. » Le cerveau enregistre ces informations. Il les mémorise. Demain, ou plus tard, la mémoire l'aidera à retrouver une pêche fidèle à cet enseignement. Pour tous les aliments, cette démarche se renouvellera. L'œil, le nez, voire la main identifient, interrogent, la mémoire répond, orientant la décision. Une fois l'aliment en bouche, on vérifie. Notre œil, notre nez, notre main ont-ils été trompés ? L'information est-elle confirmée ?

À partir du tableau IX (voir p. 108) reproduisant le cheminement d'une excitation, on explique les mécanismes de perception sensorielle.

On peut maintenant aborder la description des centres de perception.

L'œil. Il fonctionne comme une caméra. Chaque œil contient trente millions de récepteurs lumineux. Ils envoient leur message au cerveau.

L'odorat. À partir du tableau V (voir p. I),

TABLEAU IX

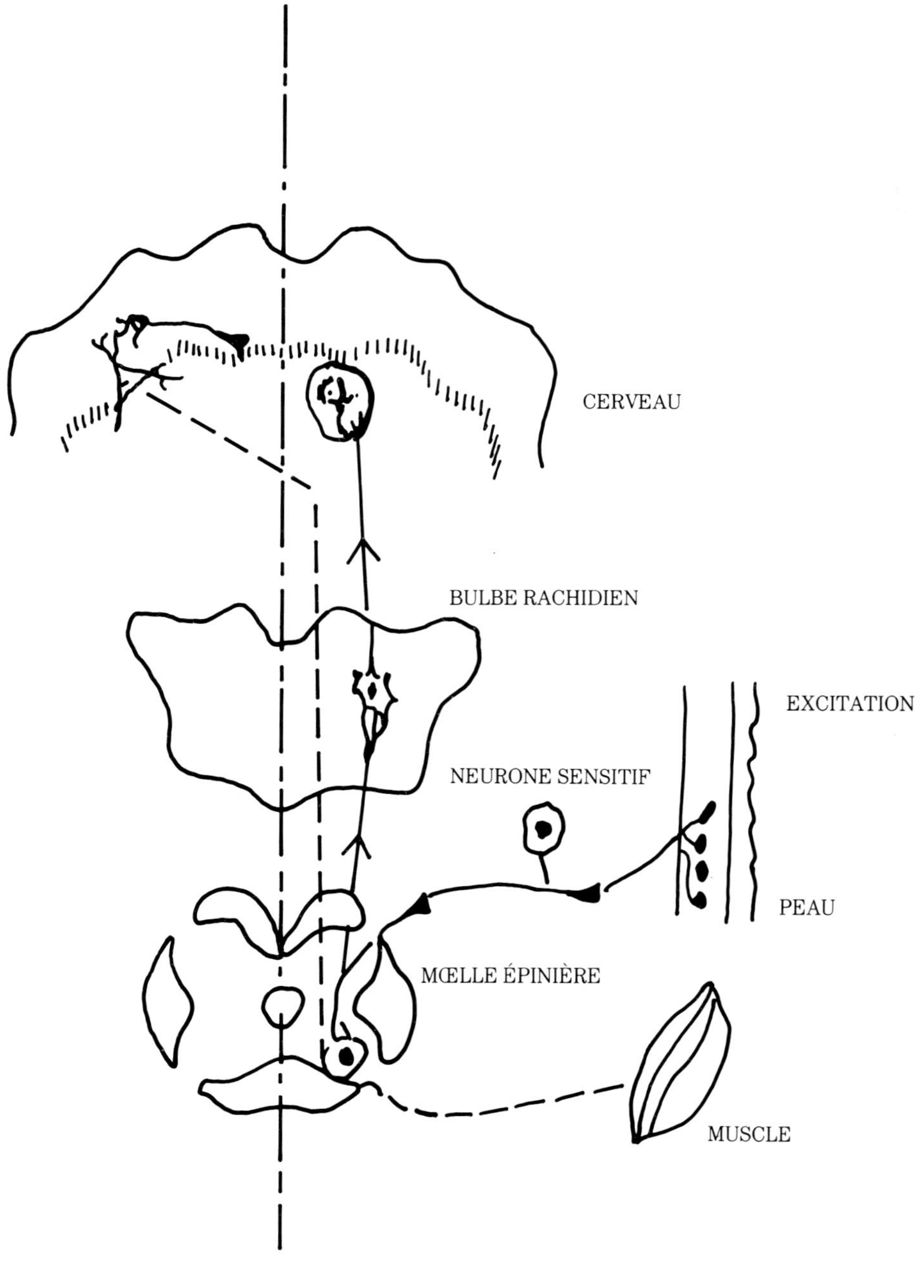

CHEMINEMENT D'UNE EXCITATION

on situe l'emplacement du bulbe olfactif. C'est une surface étroite de 2 cm^2 environ. Elle capte les molécules odorantes. Celles-ci sont à l'état gazeux.

Le goût. Les quatre saveurs fondamentales sont localisées sur la langue. On précise la répartition à partir du tableau III.

L'arôme des aliments. C'est en bouche, par voie rétro-nasale, que les arômes, les aliments ou les boissons vont atteindre le bulbe olfactif. On montre sur le tableau V (voir p. I), le cheminement des fractions volatiles libérées par la mastication.

Les agressions. Elles ont été étudiées à la septième séance avec leurs impressions astringentes, brûlantes, piquantes. Elles sont perçues dans la paroi buccale, en particulier à l'intérieur des joues. Ce sont les extrémités libres des nerfs trijumeaux qui transmettent au cerveau le signal.

Les stimulations tactiles. Elles intéressent le sens du toucher. En reprenant le tableau V (voir p. I), on montre que l'ensemble de la paroi buccale est réceptive. Il y a des parties plus sensibles comme les lèvres.

Les stimulations thermiques. Dans cette phase du toucher, le rôle du froid et du chaud est déterminant. Étant donné l'importance de la température des mets et des boissons, on ne doit jamais faire attendre un repas. (C'est là une notion importante que de se présenter à l'heure à table.)

Les stimulations auditives. C'est l'oreille qui reçoit les excitations. Cent mille cellules auditives vibrent au moindre bruit.

III. TRAVAUX DIRIGÉS

1. L'odorat

On fait sucer un bonbon au citron. On recommence en demandant au sujet de se boucher le nez. Il lui est rappelé ainsi le sens important de l'odorat. Sans lui, on se sent quelque peu « coupé du monde ».

2. La mastication et les arômes

Faire avaler sans mâcher une cuillerée à café de bavarois aux fraises.

Même opération, en demandant de bien mastiquer avant d'avaler de façon à laisser le temps aux arômes d'arriver au bulbe olfactif. Insister sur le fait qu'avaler trop vite empêche d'apprécier l'aliment.

3. Le chaud et le froid

Faire goûter des pâtes au beurre, chaudes et froides. En discutant, demander aux enfants leurs impressions sur l'odeur et le tactile de ces pâtes et leur préférence.

4. Récapitulatif

Pour ces jeux de table, il est demandé à l'enfant de décrire quelques aliments. On appréciera son vocabulaire.

a) Produits laitiers. On fait goûter des produits laitiers (lait, yaourt, fromage de Comté, crème fraîche) en demandant aux élèves de préciser ce qu'ils ressentent (fiche 42, voir p. 110).

b) Corps gras. Expliquer pourquoi on utilise de préférence le beurre dans l'ouest de la France, la crème et le lard dans l'Est, l'huile d'olive dans le Midi, la graisse d'oie de canard, le saindoux dans le Sud-Ouest.

FICHE 42 - NEUVIÈME SÉANCE

PRODUITS LAITIERS

ÉCOLE ....

NOM .... PRÉNOM .... DATE ....

	LAIT	YAOURT	FROMAGE DE COMTÉ	CRÈME FRAÎCHE
Couleur				
Odeur				
Goût				
Arômes				
Onctuosité				

FICHE 43 - NEUVIÈME SÉANCE

SAUCISSES

ÉCOLE ....

NOM .... PRÉNOM .... DATE ....

	DE STRASBOURG	DE TOULOUSE
Couleur		
Texture		
Odeur		
Préférence (indiquer par une croix)		

FICHE 44 - NEUVIÈME SÉANCE

CONFITURES

ÉCOLE ....

NOM .... PRÉNOM .... DATE ....

CONFITURES	N° DE L'ÉCHANTILLON	PRÉFÉRENCE	PRÉPARATION DE LA TARTINE NOTE DE 1 À 5
Abricot			
Prune			
Coing			
Mirabelle			

On fait goûter sur une petite tartine de pain blanc : beurre - saindoux - huile d'olive et huile de noix.

Demander aux enfants d'écrire une phrase sur l'accord entre le pain et le corps gras qu'ils ont préféré. Cette phrase est jointe à leur dossier avec le livret (exemple, p. 114 à 117).

c) Saucisses. Les charcuteries sont typiques de chaque région.

On fait goûter, en demandant de les comparer, une saucisse de Strasbourg et une de Toulouse que les enfants décrivent à l'aide de la fiche 43 (voir p. 111).

d) Confitures. On propose quatre confitures numérotées de 1 à 4 (abricot, prune, coing, mirabelle) en demandant aux enfants de les identifier. On appréciera leur attention (fiche 44, voir p. 112).

On propose ensuite des tartines de pain, du beurre. L'enfant se prépare une tartine en ajoutant sa confiture préférée. On note son choix et la qualité de la préparation sur la fiche 44 (voir p. 112). Pour terminer, on offre un verre d'eau fraîche.

Dixième séance

DÉTENTE

C'est le moment de rassembler les enfants dans une salle à manger de restaurant. Ils vont profiter d'un repas éducatif préparé par un professionnel. En les préparant à ce repas, on évoquera les idées de convivialité, de partage autour de la table. C'est aussi la fête qui termine cet éveil.

Exemple de menu préparé par Francis Maigneau, chef au château d'Artigny à Montbazon près de Tours :

- Terrine de légumes.
- Plat de trois poissons.
- Lapin au miel et aux différentes herbes.
- Un fromage bleu.
- Un dessert composé.

Les nouveaux gastronomes doivent reconnaître les principaux composants intervenant dans la préparation. À cette fin, on leur distribue une feuille d'identification (fiche 46, voir p. 120) qui leur permettra de répondre, toujours dans l'esprit d'un jeu.

À la fin du repas, chacun reçoit un dossier comprenant :
Un livret suivant les exemples ci-joints p. 114-115 et 116-117 rappelant sa position face à l'« aliment ».
La fiche 2 (voir p. 42).
La phrase écrite résumant ses impressions (voir ci-dessus) sur les corps gras.
Les impressions sur le repas au restaurant (fiche 46, voir p. 120).
Le certificat établi par l'Institut français du goût (voir p. 119).
Plusieurs années après, ce dossier permettra d'apprécier l'évolution de l'enfant.

LIVRET

RÉACTIONS DE L'ENFANT AUX DIFFÉRENTS TESTS

ÉCOLE ....

NOM: .... PRÉNOM: Gabriel .... DATE ....

SENSIBILITÉ

	FAIBLE	MOYENNE	FORTE	OBSERVATIONS
1re SÉANCE				A peur de ne pas satisfaire son choix.
fiche 1				
Choix des pâtes de fruits – Rouge			X	
– Vert				
– Jaune				
– Orange				
Rapidité du geste			X	
Regard au moment du choix		X		
2e SÉANCE				Seuils plutôt élevés. En particulier sucré.
fiches 3-4-5				
Reconnaissances des quatre stimulations gustatives		X		
Seuils de perception	X		X	
Acceptabilité du pain sans sel				
Préférence des gâteaux salés aux gâteaux sucrés	X			
Sucre ajouté au citron			X	
3e SÉANCE				Comportement moyen devant l'endive et le beurre blanc. Accepte de faire l'effort pour connaître.
fiche 6				
Acceptabilité de l'endive		X		
Rôti et sel		X		
Tendreté de la viande	X			
Acceptabilité de la salade	X			
Quantité d'eau consommée			X	
4e SÉANCE				Mémoire insuffisante.
fiches 7-8-9-10				
Reconnaissance d'odeurs 11-12				
Fruitées, florales	X			
Épicées, plantes	X			
Minérales, ambiance	X			
Reconnaissance d'odeur de sirop			X	
Reconnaissance – odeur de miels	X			
Reconnaissance – odeur huile	X			

LIVRET

SENSIBILITÉ				
	FAIBLE	MOYENNE	FORTE	OBSERVATIONS
5e SÉANCE fiches 13-14-15-16-17-18-19-20-21-22-23-24				Peu intéressé par les origines des aliments.
Association des couleurs aux saisons		X		
Association les provinces, les paysages et les mets				
Reconnaissance fleurs, fruits	X			
Préférence gâteau	X	X		
6e SÉANCE fiches 25-26				N'aime pas être dérangé dans ses habitudes.
Acceptation du gluant	X			
Reconnaissance au toucher		X		
Sensation au froid		X		
Acceptation de la viande entière	X			
7e SÉANCE fiches 30-31-32				Recherche un confort.
Acceptation du métallique	X			
Acceptation de l'astringence	X			
Acceptation du brûlant	X			
Acceptation du piquant	X			
Rôle du bruit				
8e SÉANCE fiche 41		X		Doit mieux connaître la notion de milieu.
Connaissance sur le climat des provinces	X			
Connaissance sur les productions régionales		X		
9e SÉANCE fiches 42-43-44				Encore embarrassé.
Aptitude à décrire ses impressions	X			
Conclusions sur le comportement de l'enfant : Plein de bonnes intentions. Est attiré par le sucré, la purée, la facilité, est bien ouvert au problème mais insuffisamment disposé à faire l'effort pour une bonne mise en mémoire.				

LIVRET

RÉACTIONS DE L'ENFANT AUX DIFFÉRENTS TESTS

ÉCOLE ....

NOM : .... PRÉNOM : Caroline.................... DATE ....

SENSIBILITÉ

	FAIBLE	MOYENNE	FORTE	OBSERVATIONS
1re SÉANCE				Comportement normalement contrôlé.
fiche 1				
Choix des pâtes de fruits – Rouge				
– Vert				
– Jaune		X		
– Orange		X		
Rapidité du geste				
Regard au moment du choix		X		
2e SÉANCE				Possède une acceptabilité pour le sucre faible.
fiches 3-4-5				
Reconnaissances des quatre stimulations gustatives	X			
Seuils de perception	X			
Acceptabilité du pain sans sel		X		
Préférence des gâteaux salés aux gâteaux sucrés	X			
	X			
Sucre ajouté au citron				
3e SÉANCE				Confirmation d'un profil bien ouvert.
fiche 6				
Acceptabilité de l'endive		X		
Rôti et sel	X			
Tendreté de la viande	X			
Acceptabilité de la salade		X		
Quantité d'eau consommée			X	
4e SÉANCE				S'intéresse aux odeurs rencontrées dans le milieu ambiant.
fiches 7-8-9-10				
Reconnaissance d'odeurs 11-12				
Fruitées, florales			X	
Épicées, plantes			X	
Minérales, ambiance	X			
Reconnaissance d'odeur de sirop	X			
Reconnaissance – odeur de miels				
Reconnaissance – odeur huile		X		

LIVRET				
SENSIBILITÉ				
	FAIBLE	MOYENNE	FORTE	OBSERVATIONS
5e SÉANCE fiches 13-14-15-16-17-18-19-20-21-22-23-24				Confirmation des impressions précédents.
Association des couleurs aux saisons			X	
Association les provinces, les paysages et les mets			X	
Reconnaissance fleurs, fruits			X	
Préférence gâteau			X	
6e SÉANCE fiches 25-26				Doit travailler le sens du toucher.
Acceptation du gluant		X		
Reconnaissance au toucher		X		
Sensation au froid	X			
Acceptation de la viande entière		X		
7e SÉANCE fiches 30-31-32				Confirmation du seuil assez bas.
Acceptation du métallique	X			
Acceptation de l'astringence	X			
Acceptation du brûlant	X			
Acceptation du piquant		X		
Rôle du bruit			X	
8e SÉANCE fiche 41				A bien mémorisé.
Connaissance sur le climat des provinces		X		
Connaissance sur les productions régionales			X	
9e SÉANCE fiches 42-43-44				Très attentif.
Aptitude à décrire ses impressions			X	

Conclusions sur le comportement de l'enfant :
Enfant présentant une excellente sensibilité.

Aménagement Idéal pour une Classe de Goût

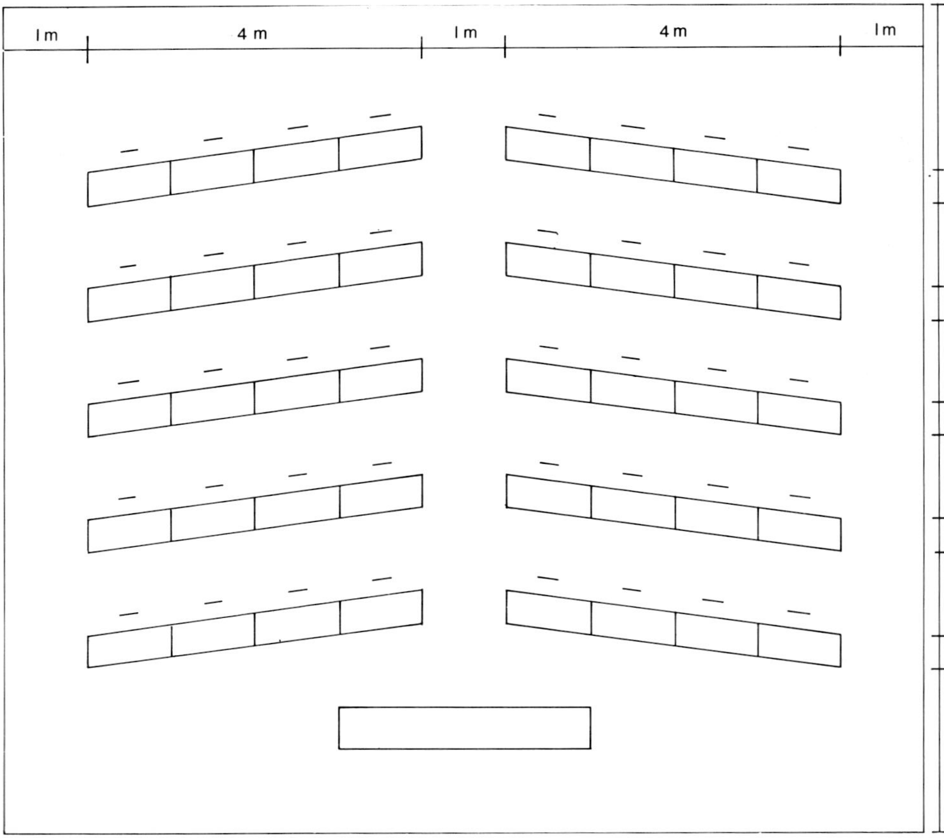

Description de la salle
Dimensions : 11 × 10 m

Hauteur : 3 m 50 minimum

Accueil pour 40 élèves pouvant aller jusqu'à 50

Table en matériau blanc cassé (coquille d'œuf) mat. Une petite séparation amovible en plastique translucide de 40 cm de hauteur est facultative entre les élèves.

Les chaises ne doivent pas faire de bruit quand on les déplace.

Derrière le bureau on prévoit un écran et un tableau et tout le long du mur des dispositifs pour accrocher les tableaux.

Éclairage de 300 Lux en lampes à filaments.

Éventuellement possibilité d'éclairage en rouge, bleu et vert.

Sonorisation

Dispositif pour projection.

Température 20-22° C.

Sur ces bases, on peut faire des salles pour seulement 20 élèves ou au contraire pour 100.

INSTITUT-CONSERVATOIRE DU GOUT

Nous certifions que M ____________________
a suivi la session d'éveil sensoriel au goût

Promotion ____________

Le Président :

Le ____________

☆ INSTITUT FRANÇAIS DU GOUT ☆
Secrétariat : 12, rue Etienne-Pallu, 37000 TOURS - Tél. (47) 05-72-68
Siège Social : Hôtel Mame, TOURS

CERTIFICAT DÉLIVRÉ PAR L'INSTITUT FRANÇAIS DU GOÛT

FICHE 46 – DIXIÈME SÉANCE

IMPRESSIONS SUR LE REPAS

Exemple de menu préparé au château d'Artigny.
Repas au restaurant à la fin des séances d'éveil.

ÉCOLE ....

NOM .... PRÉNOM .... DATE ....

1er plat - Terrine de légumes

Indiquer les quatre légumes composant la terrine :

carottes □ poireau □ céleri □ navets □ épinards □ choux

2e plat - Panaché de poisson de rivière

Quels sont les trois poissons servis ?

Saumon □ sandre □ brochet □ perche □ carpe

3e plat - Lapin au miel

Quel sont les odeurs rencontrées dans ce plat ?

thym □ girofle □ estragon □

Fromage

Acceptez-vous ce fromage ? .... OUI NON

Avez-vous mangé beaucoup de pain avec le fromage ? .... OUI NON

Dessert

Quels sont les odeurs des quatre crèmes glacées ?

Framboise □ Vanille □ Fraise □ Café □ Cassis □ Citron

III

Comment prolonger l'expérience tourangelle ?

Les enseignants qui ont vécu l'expérience menée pendant ces quelque douze ans en Touraine en sont bien convaincus : il ne faut pas s'arrêter à la première année. Une deuxième, puis une troisième et une quatrième étapes peuvent être envisagées. L'exposé de nos dix séances pose seulement les principes de base d'une « pédagogie du goût ». La pépinière de la première année doit permettre de poursuivre dans des structures précises.

La deuxième année s'appuiera sur la description des « grands classiques » de l'alimentation française.

Au préalable, des notions de milieu rappeleront le rôle du climat, du sol, du travail de l'homme dans la production de nos aliments. Il n'est pas interdit à cette occasion de « philosopher » un peu... Ne devrait-on pas voir figurer en lettres d'or au fronton de chaque ferme : « Ici on produit pour nourrir le corps et l'esprit » ? Apparaîtrait ainsi une autre dimension, un autre respect vis-à-vis des hommes de la terre. Le monde paysan est trop souvent récupéré par des structures, des modes, ou la politique qui viennent altérer son identité. Cette identité est aussi notre sauvegarde. Sans artisanat de la terre, le goût serait bien pauvre...

Parmi les classiques à étudier, on s'intéressera évidemment en premier lieu à la région où l'on habite. Il faut jeter un regard nouveau sur son environnement direct, pour en mieux saisir les nuances. Pour Paris, on choisira l'Ile-de-France ; si le béton a envahi les prairies, le climat n'a guère changé au cours des siècles...

L'étude du climat local débouchera ensuite sur celle des productions. Malgré les progrès de l'agriculture, les aléas météorologiques demeurent. Connaître les climats, les définir, sert à comprendre les limites des productions, des espèces et des variétés. Les sommes de température, la pluviométrie, l'ensoleillement, la direction et la force des vents au cours de l'année sont des paramètres dont il faut s'imprégner. Chaque plante possède ses exigences. C'est une bonne introduction à l'idée de « matière végétale », source essentielle de vie. On se penchera ensuite sur la structure des sols. La présentation des coupes géologiques est utile ; étudier les variétés des espèces végétales suivant la nature des sols plaît d'ailleurs aux enfants. Ils y retrouvent les plantes de leur pays.

Ensuite, on associe le travail de l'homme. Visiter une exploitation peut être instructif. Les semailles, les plantations, les récoltes sont riches d'enseignement. Conserver, enfin, pourquoi et comment. Puis, l'on examinera l'histoire des productions, leur maintien, leur disparition, etc. Cette histoire, ces histoires, sont de véritables « romans ». Le goût y puise son langage.

Bien préparés à ce regard sur le milieu, les enfants pourront mieux analyser les préparations de plats, de condiments ou de boissons classiques dans la région. Chacun participera à cette analyse au cours de travaux dirigés. Ce sera une étude collective. Une fois cette méthologie bien définie, on abordera les autres classiques alimentaires nés dans nos provinces.

Nous avons choisi quelques mets régionaux « typiques ». Mais cette liste n'est pas limitative et peut, si la saison le permet, être modifiée ou complétée en particulier par les préparations attachées à des fêtes.

ALSACE : choucroute - baeckenoffe
LORRAINE : quiche
FLANDRES : coq à la bière
ARTOIS : hareng grillé
PICARDIE : tarte aux poireaux
CHAMPAGNE : potée
ÎLE-DE-FRANCE : miroton
BRETAGNE : plateau de fruits de mer
NORMANDIE : tripes à la mode de Caen
MAINE : poulet de Loué
ANJOU : saumon au beurre blanc
ORLÉANAIS : terrines de gibiers
BOURGOGNE : coq au vin
FRANCHE-COMTÉ : coq au vin jaune et aux morilles
NIVERNAIS : omelette aux herbes
BERRY : pâté de Pâques
TOURAINE : rillettes et rillons
POITOU : farci poitevin
ANGOUMOIS : mouclade
MANCHE : neusois (gâteau aux noisettes)
BOURBONNAIS : gâteau à la citrouille
LIMOUSIN : boudin aux châtaignes
AUVERGNE : tripoux
LYONNAIS : charcuterie
SAVOIE : fondue
DAUPHINÉ : gratin dauphinois
PROVENCE : bouillabaisse
LANGUEDOC : cassoulet
ROUSSILLON : cargolade
BÉARN - NAVARRE : garbure
GUYENNE ET GASCOGNE : pastis landais
PAYS BASQUE : piperade

L'année suivante, nous aborderons la troisième étape. Connaissant mieux ce que peut offrir le pays où l'on vit, cette terre d'accueil qui nous reçoit et nous accomplit, il est possible alors de voyager avec bénéfice. Le faire avant serait aller chercher bien loin des racines qui sont près de nous.

On reprendra les notions de climat, de sol et de travail artisanal. Puis l'étude se fera autour de grands classiques, illustrant le goût d'un pays. Par exemple :

SUÈDE : soupe aux pois jaunes
NORVÈGE : rommegraut
DANEMARK : gravad salmon

BELGIQUE : le waterzooi de volaille
SUISSE : fondue
ITALIE : côtelette de veau à la milanaise
ESPAGNE : paella
PORTUGAL : morue
HONGRIE : goulache
GRÈCE : moussaka
TURQUIE : sis kebap
ALGÉRIE : couscous
ROYAUME-UNI : christmas pudding
ÉTATS-UNIS : hamburger
CANADA : cipaille du Québec
MEXIQUE : dinde au mole
CHILI : humitas
JAPON : sashimi
CHINE : canard laqué
AUSTRALIE : pavlova
AFRIQUE DU SUD : bobotie
BRÉSIL : feijoàda
FINLANDE : kalakukko
PAYS-BAS : hochepot

Comme la précédente, cette liste n'est pas exhaustive. Selon les circonstances, on choisira une ou plusieurs expressions du goût. Ce ne sont là que des approches. Elles définissent les grandes tendances de consommation attachées à un garde-manger pour le solide et à un flacon pour le liquide.

Enfin, la quatrième année s'intéressera à la table contemporaine, à ses réalisation les plus modernes. Il est en effet nécessaire de vivre avec son temps, de bien le connaître pour faire évoluer les mentalités en tenant compte des connaissances acquises et des situations présentes.

Pour terminer... on pourra continuer de s'intéresser à l'histoire des grandes cuisines : française, chinoise, maghrébine, etc. Histoire liée à des civilisations. On pourra parallèlement analyser l'évolution des modes de production, de transformation et de cuisson des aliments... Et apprécier l'incidence des problèmes sociaux, politiques ou fiscaux sur le goût... Vaste programme ! La « culture du goût » n'est-elle pas sans fin ?

Notre arrière-pensée est claire : l'élargissement des facettes du goût sur notre terre pourrait permettre aux hommes de mieux se connaître et de se rapprocher.

Le kouglof, brioche alsacienne

TROISIÈME PARTIE

LE GOÛT À LA MAISON

Comment s'y prendre chez soi

Nous avons vu comment introduire dans le cadre scolaire un intérêt pour le goût grâce à une méthode longuement mûrie, qui s'appuie sur les disciplines comme le français, la biologie, la géographie, etc.

« Bravo, dites-vous, mais comment s'y prendre à la maison et dans la vie quotidienne ? Comment aider son enfant à s'épanouir pleinement à travers ce qu'on lui offre, du biberon... au foie gras, en passant par la sole meunière ou le cassoulet ? Comment faire de lui un être ouvert à toutes les sensations gustatives, à toutes les saveurs, à toutes les cuisines ? Autrement dit, comment l'inciter à se créer lui-même une joie de vivre personnelle à travers la nourriture ?

« Bien joli, toutes vos réflexions, mais par où commencer ? Nous ne sommes pas des spécialistes, nous ne savons pas s'il faut intervenir dans ses choix, ou bien au contraire le laisser complètement faire... Ce n'est vraiment pas facile. Nous avons déjà bien du mal à lui apprendre tout le reste ! »

Nous entendons vos protestations. Et nous y sommes sensibles ! Rassurez-vous, les conseils que nous avons mis au point ne nécessitent aucun savoir (excepté quelques notions de base que nous vous avons déjà données dans nos premiers chapitres et que nous reprenons ici), aucune compétence, ni aucun équipement particuliers. Mais plutôt du bon sens... et beaucoup de respect envers cette petite personne que vous avez mise au monde et dont les goûts n'ont pas fini de vous surprendre.

Ces conseils ont été rédigés à partir de l'expérience de Tours, et grâce à l'enquête qui a été menée auprès de différents spécialistes ou responsables concernés par le goût des enfants : neurophysiologistes, psychologues, psychanalystes, médecins, directrices de crèche ou de cantine, experts de l'agro-alimentaire, etc.

Nous avons voulu rester très pratiques, tout en nous appuyant sur des notions scientifiques et « ethnologiques ». Comme nous vous l'avons expliqué dans notre introduction, nous ne prétendons pas offrir un guide de santé ou de diététique infantiles. Beaucoup d'ouvrages de ce type existent déjà. Aussi à chaque fois que nous frôlons le domaine médical stricto sensu (en particulier à propos des anorexies, des boulimies, ou des réactions allergiques), nous vous renvoyons, bien évidemment, aux praticiens très au fait de ces questions.

Ce que nous avons essayé de faire, c'est de montrer comment, en respectant dès la naissance des règles concrètes et simples, les parents pouvaient éviter de créer, justement, ce que l'on appelle des comportements « pathologiques » chez les enfants et les adolescents. Ces règles supposent toutes, au départ, une affectueuse vigilance envers le nouveau mangeur. Évidemment, ce livre n'aurait aucun intérêt pour des mères ou des pères eux-mêmes indifférents à ce qu'ils consomment, et peu soucieux de jouer un rôle actif dans l'éducation sensorielle de leurs enfants.

Cent quinze mots clés, pour traiter du goût, c'est beaucoup, et c'est peu. Beaucoup, parce que par souci pédagogique, nous répétons souvent les mêmes choses sous des formes différentes. Peu, parce que le sujet est trop vaste, trop complexe, pour prétendre en avoir fait le tour ici. Mais ce dont nous sommes sûrs, c'est qu'en mettant en pratique ces quelques conseils, on peut au moins éviter les plus grandes erreurs éducatives à table...

Faire de votre enfant un vrai gastronome ? Pourquoi pas. Mais ne l'oublions jamais : son goût se construit toujours à travers ce que l'adulte offre. Par lui, donc... ou contre lui.

LES CENT QUINZE MOTS CLÉS

AFFECTIVITÉ

Elle est capitale, dès que l'on parle du goût, des goûts, et de dégoûts. Combien de grand-mères, de tantes encore présentes dans nos mémoires à cause de leur tarte aux pommes ou de leur blanquette... Ne dit-on pas un « papa gâteau », à propos d'un père particulièrement tendre ou indulgent ? Existe-t-il une manière plus directe de prouver son amour à l'autre que de lui confectionner un « bon petit plat » ?

En revanche, combien d'aliments sont rejetés pour s'opposer à une mère ou un père trop directifs ! (voir III, première partie, p. 25).

Il ne faut pas oublier que l'enfant construira son goût tour à tour en s'identifiant ou en s'opposant à ses parents. Nous sommes donc grandement responsables de son comportement devant la nourriture. Alors, inutile de piquer une crise de nerfs s'il laisse systématiquement dans son assiette ses épinards ou sa viande. (Voir ces rubriques p. 141 et 163). Nous ne ferions qu'aggraver les choses. Le dîner familial doit être un lieu d'échanges... sereins. Première règle, faire régner une bonne humeur, inébranlable à table. (Garder les commentaires sur le zéro en math pour plus tard...). Seconde règle, éviter de faire comprendre que la préparation des repas est une corvée. Pas de meilleur moyen en effet pour couper l'appétit aux autres que de jouer les martyrs de la cuisine !

Un bon coup à jouer : se faire aider par les petits. Leur apprendre des recettes simples. Vous les valoriserez, vous cultiverez leur goût, et vous serez moins surmenée.

ÂGE

À chaque âge, son goût (voir II, première partie, p. 21). Celui-ci commence à apparaître vers l'âge de six mois. Avant, les mimiques du bébé sont de simples réflexes. Mais la qualité du lait, qu'il soit nourri au sein ou au biberon, ne lui est pas indifférente. (Voir « lait », p. 147 et « allaitement », p. 130).

Surveillez bien ses premières préférences, et ses premiers dégoûts ! À seize mois, le petit enfant essaie de se faire comprendre. Il exagère ses mimiques pour obtenir ce qui lui plaît... Mais jusqu'à deux ans, son « hédonisme » sera presque totalement modelé par la personne qui lui donne à manger. Si la mère (ou la gardienne) n'aime pas les épinards ou le fromage, le bébé le sentira... Attention donc à nos gestes, nos regards et nos propres mimiques.

Vers quatre ou cinq ans, l'enfant rejette beaucoup d'aliments. En devenant autonome, il est devenu méfiant. C'est l'âge des « néophobies » alimentaires. Il faut beaucoup de patience pendant cette période très « rejetante ». S'il refuse obstinément certains plats, mieux vaut attendre un peu. Mais représentez-les-lui plus tard. Au besoin avec un assaisonnement différent. Vers dix ans, la puberté accomplit son œuvre de transformation. L'odorat se fait plus fin, la salive plus acide. Le goût va bientôt devenir adulte. C'est le moment de multiplier les rencontres gustatives, et de les commenter... L'enfant a besoin de mettre des mots sur ce qu'il ressent. Pas de goût sans vocabulaire (voir ce mot, p. 164).

À la puberté peuvent apparaître des bizarreries alimentaires. Ne pas s'en alarmer outre mesure. Elles disparaîtront plus tard. D'autant plus vite que vous aurez su les dédramatiser.

AGUEUSIE (AGUEUSIQUE)

De même qu'il existe des daltoniens (qui confondent les couleurs), on trouve des enfants et des adultes qui ne reconnaissent pas certaines saveurs. En particulier, le goût amer de la phénylthiocarbamide n'est pas perçu par tout le monde (20 à 30 % des sujets ont une « cécité gustative » pour cette substance). Il faut distinguer agueusie et dysgueusie. L'agueusie est l'impossibilité de percevoir la saveur, la dysgueusie est une perception erronée ou affaiblie des saveurs. La perturbation des fonctions gustatives peut être liée à la prise de certains médicaments (voir ce mot, p. 150) ou à une maladie, un accident, etc.

Avant de vous alarmer, consultez le médecin. De toute manière, de même que l'on rencontre des daltoniens très heureux, on voit aussi des agueusiques en pleine forme ! Mieux vaut cependant savoir de quoi il s'agit, et surtout, ne jamais forcer (voir ce mot, p. 143) un enfant. Sachez utiliser la persuasion, avant de décréter qu'il est agueusique.

AIL, OIGNON

L'ail est plus ou moins apprécié selon les régions. Il faut savoir qu'il rebute les petits enfants, surtout cru et hâché grossièrement. Même phénomène avec l'oignon. Une enquête effectuée auprès de garçons et de filles de quatre ans à dix-huit ans est révélatrice : l'ail et l'oignon arrivent en cinquième et sixième positions dans la liste d'une trentaine d'aliments qu'ils rejettent. Après la puberté, les goûts changent (voir II, première partie, p. 21 et rubrique « âge », voir p. 129) et les saveurs fortes sont mieux acceptées.

Éviter ail et oignon avec les tout-petits. Pour les familiariser avec l'odeur, utiliser l'ail entier, non épluché et cuit (en chemise). Dans les salades, une « pointe » suffit. Ce qu'ils redoutent en priorité, dans l'ail, c'est le piquant.

Faites-leur découvrir la saveur des petits oignons blancs sur une tartine de pain beurré. Et faites bien cuire les gros, une fois émincés, dans vos plats.

ALLAITEMENT

Beaucoup l'ignorent : le lait (voir ce mot, p. 147) maternel est légèrement sucré et son goût change selon la nourriture que la mère absorbe. Une expérience anglaise menée auprès d'étudiants à qui l'on avait fait goûter des laits de femme de différentes origines a montré qu'ils préféraient celui des Indiennes. Son goût est différent parce qu'elles mangent de la nourriture assaisonnée au curry...

Éviter les saveurs trop fortes et certains légumes comme le chou, le gibier, etc., si vous ne voulez pas voir grimacer le bébé que vous allaitez. En revanche, si vous voulez stimuler son appétit, mangez des aliments assaisonnés au cumin.

ALLERGIE (INTOLÉRANCE)

Il existe quelques allergies ou intolérances alimentaires (au lait, aux fruits rouges, etc.) à distinguer des simples rejets (voir « dégoût », p. 139) de la petite enfance. Généralement, elles sont repérées par des troubles cutanés ou digestifs. S'ils se répétaient, n'hésitez pas à consulter un médecin allergologue.

Il faut naturellement être très attentif aux refus d'un enfant. Mais ne pas décréter qu'il s'agit d'une allergie dès qu'il se met à faire une scène devant son fromage ou sa purée. Autrement dit, ne pas confondre refus et allergie.

AMER

Les bébés ou les enfants ne supportent pas la saveur amère. Elle fait grimacer le nouveau-né. (Voir III, première partie, p. 25). Il s'agit d'un réflexe, donc d'un comportement involontaire.

Première règle : tenir compte de la sensibilité individuelle. Il faut savoir que, chaque appareil sensoriel étant unique, tout le monde ne perçoit pas l'amertume de la même façon. Quelques-uns y sont très sensibles, d'autres moins. Certains produits sont perçus amers par une personne sur trois, sucrés par les deux autres... Seconde règle : savoir attendre. Pour apprécier la salade frisée, les endives, ou la confiture d'oranges amères, il faut une certaine éducation du palais. Généralement, le goût pour l'amertume vient assez tard.

Trois bons trucs : adoucir au maximum cette saveur rébarbative pour y habituer l'enfant (voir « endive », p. 140-141) tout en ne lui offrant que de petites quantités ; mélanger l'amer et le doux (salade d'endives et salade de mâche ou bien confiture d'oranges et miel, etc.). Enfin, le soir du réveillon, lui faire comparer une bouchée de foie gras d'oie et une autre de foie de canard. Si le second, tout aussi moelleux, mais très légèrement amer le séduit, c'est (presque) gagné !

APPÉTIT

Un enfant sans appétit est souvent un enfant dont il faut flatter le goût. Mais la première précaution à prendre est de s'informer sur ce qu'il mange ou boit en dehors des repas (voir cette rubrique, p. 157).

Une fois à table, il s'agit de lui « ouvrir » l'appétit. L'environnement du repas et les conditions de son déroulement sont très importants. Mais il existe aussi quelques recettes simples pour éveiller sa gourmandise. Premièrement, éviter la monotonie (voir cette rubrique, p. 151). Deuxièmement, dès l'âge de six mois ou un an, agrémenter les potages, les purées ou les crèmes de diférentes herbes ou épices comme le persil, le cerfeuil, l'aneth ou la cannelle (pour le piment, commencer à toutes petites doses !). Outre qu'elles stimuleront son appétit, elles feront travailler son palais. Et aussi, par leur couleur, son sens esthétique. (Voir « décoration », p. 139.) Troisièmement, ne pas hésiter à lui faire sentir ou goûter un plat ou une sauce pendant que vous les confectionnez. Son odorat et sa curiosité seront ainsi en éveil.

APPERTISATION

L'appertisation est un procédé de conservation, inventé en 1810 par Nicolas Appert et qui consiste à porter un aliment en vase clos à une température de 105 à 110°. Comme la pasteurisation (voir ce mot, p. 155 et aussi « conserves », p. 136-137), il n'est pas sans effet sur les qualités « organoleptiques » (saveur, odeur, texture) d'un aliment.

ARÊTES

Ennemies publiques du tout-petit, mais aussi des adolescents ! Ce sont des pièges (elles peuvent les étrangler) ; les trier dans son assiette est difficile, ou trop fatiguant pour l'enfant, « naturellement » paresseux. D'autant plus paresseux qu'il a été habitué parfois aux croquettes ou aux barrettes de poisson congelées, sans arêtes, elles, et bien croustillantes. Résultat, il a peur du poisson entier. Adieu délicieux rouget ou fine sole. Pour beaucoup, un poisson frais est une sorte de monstre ! Que faire ?

Le familiariser avec ces bêtes curieuses dès que possible en découpant les filets devant lui. Commencer par lui trier les arêtes dans son assiette puis le laisser le faire lui-même. Éviter d'encourager sa flemme !

L'été, au bord de la mer, ou d'une rivière ; l'inviter à la pêche ; à défaut, lui montrer des pêcheurs... ou tout simplement, l'emmener chez le poissonnier.

Arôme

Arôme, odeur, senteur... Les arômes correspondent à l'impression olfactive perçue lorsque nous consommons un aliment, ou une boisson. Lorsque l'on mange par exemple une orange, ses arômes envahissent notre bouche. Si nous avalons sans prendre le temps de déguster (voir «goûter», p. 145), les senteurs n'ont pas le temps d'être libérées. L'orange n'aura pas de goût...

Ces précieux arômes qui donnent une grande partie de leur personnalité à nos fruits, à nos légumes, etc., sont délicats: ils sont constitués d'éléments très volatils. Le premier conseil à donner à notre futur épicurien – à condition de le mettre soi-même en pratique, sinon il restera sans effet! – est de prendre le temps de mâcher ce qu'il mange et d'apprécier ce qu'il boit.

Très important: l'arôme libéré par un aliment ou une boisson change selon qu'il est consommé froid ou chaud. Exemple typique: certains qui aiment le poulet chaud ne l'apprécient pas froid. L'arôme est différent.

Beurre

Le goût du beurre est précis. Il nous renseigne sur sa provenance et sa qualité. Ce n'est pas n'importe quel produit, mais un corps gras «noble», contrairement à la margarine. Il est tiré du lait, riche en vitamines A et B.

Comme en matière de vins, il existe des crus de beurre. Fabriqués en Normandie ou en Poitou-Charentes, ils n'auront pas la même saveur. Certains procédés de fabrication et certaines races de vaches servent son goût, d'autres le neutralisent. Actuellement, le beurre ne rancit plus, grâce aux nouvelles technologies, mais il perd de sa personnalité. L'enfant aime le beurre, et il en a besoin. Faites-lui comparer un beurre industriel banal avec un beurre à la coupe – dit beurre fermier – acheté chez votre fromager, ou à la ferme. Il appréciera la différence.

Ayez deux beurres: un (moyen) pour ajouter dans vos plats, vos sauces, par exemple, et un autre, frais, plus savoureux (beurre fermier à la coupe) pour ses tartines...

Betterave

Sa couleur sombre et son goût déconcertent souvent les petits enfants. Un petit truc pour la rendre plus attrayante en entrée: alterner dans le plat une tranche de betterave, une tranche de pomme. L'effet et le mélange gustatif leur plaisent. (À ne pas servir trop fréquemment.)

Bonbon

Ah, les adultes pousse au crime! Tous ces parents ou amis sans imagination qui arrivent avec leur boîte ou leur sac de sucreries pour les tout-petits... Comme s'ils en manquaient! Bien difficile pour les parents de les dérober à l'enfant.

Les dentistes ont lourdement tiré la sonnette d'alarme, à propos des caries infantiles. Mais ce que ne signalent pas les médecins, c'est qu'en outre, la consommation excessive de sucre (voir ce mot, p. 161) peut perturber la formation du goût. Surtout si les bonbons sont consommés avant les repas. Les spécialistes sont formels : le sucre a un effet de camouflage sur les saveurs. (Voir III, première partie, p. 25).

Cela dit, pas de sévérité excessive, qui ne ferait que renforcer l'attrait naturel de l'enfant vers ces petites douceurs bien consolantes... D'autre part, il existe bonbon et bonbon. Certaines friandises, dont le parfum de vrai fruit n'est pas complètement absent, présentent un intérêt gustatif. Faites-lui donc goûter des produits de bonne qualité. Pourquoi ne pas y aller, à l'occasion, de votre petit cours de géographie, avec les calissons d'Aix, les bergamotes de Nancy, les bêtises de Cambrai, etc. Non seulement il s'instruira, mais il rejettera très vite le « bas de gamme ».

BON, PAS BON

L'expression du goût est d'abord totalement binaire. Les aliments ne sont pas jugés bons ou mauvais, mais bons ou pas bons. À quatre ans (voir II, première partie, p. 21 et rubrique « âge », p. 129), l'enfant est incapable d'exprimer une préférence. Il divise le monde en deux : ce qu'il connaît, et ce qu'il ne connaît pas. Ce qu'il ne connaît pas (le monde extérieur) peut représenter un danger. D'où ses réactions parfois violentes devant l'inconnu. Est trouvé bon ce qu'il connaît.

Ne pas s'étonner donc de ces jugements catégoriques. Ils se nuanceront vers six ou sept ans. Mais ne pas avoir peur de présenter une deuxième ou une troisième fois un plat, même s'il l'a d'abord refusé. Il doit d'abord faire connaissance avec la nourriture. Tout se passera bien si vous savez rester ferme sans avoir l'air de le brimer...

CANTINE

Vous n'avez, hélas, pas le choix, surtout dans les grandes villes ! La qualité de la restauration collective est très variable. Les petits groupes scolaires peuvent se permettre d'avoir une cantine dans l'établissement. Ce n'est pas une garantie, mais les chances d'une alimentation satisfaisante sont plus grandes. Au-delà de cent à cent cinquante repas quotidiens, la direction est presque obligée de faire appel à des entreprises spécialisées qui offrent des menus types, souvent mal préparés et sans saveur...

Avant de choisir un établissement, si vous le pouvez... renseignez-vous.

S'il n'y a rien à faire, et si votre enfant se plaint, ajoutez-lui un fruit, du fromage ou une part de cake maison dans son cartable... et soignez particulièrement le repas du soir. Deux repas insipides dans la même journée, c'est trop !

D'une manière générale, essayez de savoir ce qu'il a mangé pour son déjeuner. (Pourquoi ne pas vous informer sur les menus de la semaine, afin d'orienter vos dîners ?)

CERVELLE, ABATS, FOIE, ETC.

Combien d'adultes sont dégoûtés à jamais de la cervelle, du foie de veau, etc., parce que des pédiatres (voir ce mot, p. 155) et des parents trop zélés ont voulu leur imposer ces mets mous et bizarres sous prétexte que leurs composants étaient utiles à leur développement !

Une enquête très sérieuse portant sur les goûts et les dégoûts des enfants montre que les abats se situent parmi les aliments les moins appréciés. Il ne faut pas s'en étonner. Les experts reconnaissent que le veau n'est plus ce qu'il était... Ses fibres ne retiennent plus l'eau, et il produit des abats complètement caoutchouteux...

Avant de leur administrer de force cervelle ou foie, goûtez-y... Si vous les détestez, ils ne les aimeront pas davantage... Rassurez-vous, il existe aujourd'hui suffisamment d'autres aliments très nutritifs... et attrayants.

CHAUD, FROID

La température d'un aliment est très importante pour la qualité de nos sensations, car elle modifie les arômes.

Un enfant détestera le potage si on le lui sert trop chaud. (Cas fréquent.) Il aura en effet tendance à associer la soupe à la sensation de brûlure, même s'il ne s'est laissé prendre qu'une fois. En revanche, il préfèrera un poulet chaud à un poulet froid. Une crème pâtissière tiède, à la même crème froide. Le « goût » n'est pas le même...

Il faut donc veiller à leur servir leurs plats à la bonne température. Pas de meilleure solution que de goûter au préalable tout ce que nous leur servons.

Pour les mères très pressées, le four à micro-ondes peut remplacer le bain-marie d'antan. Il permet de faire réchauffer en quelques secondes le petit déjeuner refroidi ou le plat en sauce préparé la veille. (Éviter la viande rouge ou le poisson grillé, qu'il dessèche.)

CHOCOLAT, CACAO

Liquide ou solide, il plaît massivement aux enfants. Le commerce offre une grande variété de préparations en poudre, destinées à être dissoutes instantanément dans le lait du petit déjeuner. Leur utilisation est très pratique, mais leur intérêt gustatif reste discutable, car l'arôme du cacao y est souvent complètement masqué par le sucre. Même phénomène avec un certain nombre de chocolats en tablettes ou en bouchées, chargés de sucres et de graisses, mais où la saveur de la fève de cacao fait défaut.

Cela dit, les petits sont plutôt friands du chocolat dit « au lait ». La « conversion » au chocolat noir, riche en arôme et d'une saveur plus amère, se fait vers la puberté, parfois plus tard, ou jamais...

Là encore, inutile de se montrer trop interventionniste. Le chocolat a une forte valeur affective. Il est perçu comme une récompense... Vouloir carrément supprimer cette denrée de son alimentation, sous prétexte que l'enfant a tendance à en abuser, serait du dernier maladroit. De toute manière, il ira en acheter en dehors de la maison. D'ailleurs, il a besoin de son apport en zinc, magnésium, etc. Mieux vaut privilégier la « pédagogie » et l'expérience. Et faire goûter une bonne tasse de chocolat parfumé ou bien une vraie mousse faite à la maison avec un produit de qualité, plutôt que de pester contre ses consommations secrètes. Ne pas oublier la tartine de pain beurrée saupoudrée de chocolat râpé.

COLORANT

On n'attrape pas les mouches avec du vinaigre, mais l'on attrape les enfants avec les colorants ! Qui dit couleur ne dit pas forcément saveur.

Dans la pédagogie du goût, la méfiance à l'égard des colorants doit être inculquée tôt. E100-101-102-104 pour le jaune, E110 pour l'orange, E120-122-123-124-127 pour le rouge, etc. Il s'agit d'un fard...*

Cela dit, certains produits sans aucun colorant ont un aspect rébarbatif. Et tous les produits colorés ne sont pas fatalement déplaisants sur le plan gustatif. Tout de même, sans tomber dans l'anti-industrialisme primaire, il est dans l'ensemble préférable d'acheter un produit sans colorant, même autorisé.

COCA-COLA

Bon ou mauvais n'a pas de sens, lorsque l'on parle de Coca-Cola. C'est un symbole. Un symbole jeune ! Il fait partie du mode de vie « ado ».

Il n'est tout de même pas inutile de savoir qu'une grande bouteille de ce breuvage inventé en 1886 à Atlanta, mais dont la mode s'est répandue grâce aux « Marines » pendant la Seconde Guerre mondiale, contient l'équivalent de quinze morceaux de sucre ! Comme camoufleur gustatif, on peut difficilement trouver mieux. (Voir III, première partie, p. 25 et rubrique « sucre », p. 161). Les diététiciens américains ayant entrepris une chasse aux sucres tous azimuts, les dirigeants de la firme, pas fous, ont lancé le « diet coke » (Coca-Cola sans sucre). Le symbole doit survivre !

Plutôt que de remplir votre réfrigérateur de ces boissons peu raffinées, mettez-y de bons jus de fruits. (Voir p. 144.)

Mais s'ils veulent absolument « leur » Coca-Cola, pour faire comme les copains, ou pour se remonter, après le sport ou une « compo » qui les a vidés, soyez compréhensifs. Un petit truc : à partir d'un certain âge, laissez-les l'acheter eux-mêmes avec leur argent de poche... Ils s'en dégoûteront vite !

CONDIMENTS

Beaucoup d'enfants (à partir de neuf ou dix ans, parfois avant) adorent la moutarde (voir « vinaigre », p. 163-164), les cornichons, les câpres, etc. Pour certains, l'utilisation ostensible de ces condiments exprime un désir de s'affirmer voire de se « viriliser ». Elle va de pair avec la première cigarette. (Les filles s'y mettent, par mimétisme.) Ces saveurs fortes réservées, en principe, aux grandes personnes, ont un parfum d'interdit (voir « interdiction », p. 146)... Par ailleurs, des modifications se produisent à la puberté dans l'appareil sensoriel (voir II, première partie, p. 21 et la rubrique « âge », p. 129) et les médecins considèrent ce goût nouveau pour ce qui est fort comme un caractère sexuel secondaire. Rien que de très naturel, donc.

Question de mesure. Inutile d'interdire leur usage. Vous ne feriez que renforcer leur attrait.

Alors jouez le jeu. Traitez-les en adultes en leur faisant comparer diffé-

---

* À propos des colorants et autres additifs alimentaires, on pourra lire utilement *E comme additif* aux Éditions Flammarion.

rentes moutardes. Vous pouvez même leur apprendre à faire la mayonnaise ou l'aïoli... (Voir « sauce », p. 158).

CONDITIONNEMENT

À ne pas confondre avec conservation. (Voir « appertisation », p. 131, « conserves », p. 136-137, « surgelé », p. 161-162).

Il s'agit de l'emballage d'un aliment. Ce conditionnement n'apporte pas toujours un plus sur le plan gustatif. En souffrent en particulier les aliments (fromage, charcuterie, etc.) présentés dans du plastique. Un produit découpé vieillit plus vite. Il cesse de respirer dans son enveloppe où il transpire. Vous le remarquez lorsque vous enlevez l'emballage : il est humide. Ce conditionnement modifie les arômes.

Sachez aussi que l'emballage, le bocal, le petit pot, etc., grèvent de vingt à quarante pour cent le prix d'un produit alimentaire.

Le rapport qualité-prix ne plaidant pas en faveur des produits sous plastique, autant acheter un produit « à la coupe ». Faites-le comprendre à vos enfants s'ils vont faire les courses, à condition de leur indiquer un bon fromager ou un bon charcutier. (Voir aussi « petits pots, p. 156. »)

CONGELÉ (voir SURGELÉ)

CONFITURE

Comme le chocolat ou les gâteaux, la confiture est l'amie des petits.

Rien ne vaut celle que l'on fait soi-même, avec les fruits de saison (voir cette rubrique, p. 158). Faites participer les enfants. C'est une fête pour les yeux, le nez, le palais. Mais attention aux brûlures !

Cela dit tout le monde ne dispose pas d'un jardin, ni du temps nécessaire. Restent donc les produits du commerce.

Sachez leur faire apprécier la saveur du fruit avant celle du sucre ! À prix égal, la qualité peut énormément varier d'une marque à une autre, et dans la même marque, d'une année sur l'autre (selon les fruits cueillis).

Premier conseil : regardez la proportion de fruits dans la composition qui doit être indiquée sur l'étiquette. Éviter dans la mesure du possible les confitures contenant du sirop de glucose, car celui-ci masque le goût.

Ensuite, variez les origines. Faites-les-leur comparer. Discutez avec eux de la saveur des fruits rouges ou des fruits jaunes, etc.

Un luxe qu'ils apprécient, avec l'œil autant qu'avec le palais : un petit rayonnage « spécial confitures » à leur portée dans un coin de votre cuisine.

CONSERVES

(Voir « appertisation », p. 131, « pasteurisation », p. 155.) Servir certains légumes dits « de conserve » n'est pas toujours un crime contre la gastronomie. Mais il faut être très vigilant. Certains sont trop salés. Ou bien, le légume présente le goût désagréable de la boîte métallique. Ou encore, la date limite est dépassée. (Une boîte dont le couvercle est déformé par un gonflement suspect ne doit pas être consommée.)

Choisir les marques qui respectent le mieux les saveurs originelles des produits. Les enfants apprécient assez les conserves de petites carottes nouvelles, les mange-tout, ou les haricots verts dits « fins » ou « extra-fins ». On peut les rendre plus attrayants par un hachis de persil frais, une « pointe » d'ail, etc., sans oublier le beurre frais.

COULEUR

La couleur des aliments nous renseigne. Sur leur authenticité, leur fraîcheur, leur degré de maturité ou de cuisson.

Apprendre très tôt à l'enfant à recueillir les informations que celle-ci peut offrir. (Voir aussi « marché », p. 149.)

Mais la couleur joue aussi un autre rôle pour le gastronome. Celle de la vaisselle, de la nappe, des murs de l'endroit où nous mangeons, tout compte. (Voir aussi « décoration », p. 139.)

Renseignez-vous, mine de rien, sur ses couleurs préférées ou détestées. Certains enfants boudent une nourriture servie dans une vaisselle (ou un cadre) qui leur déplaît.

Enfin, il n'est pas mauvais de savoir que le goût des aliments change selon la couleur de la lumière. Tout dépend des réactions individuelles, bien sûr, mais on a observé que dans une ambiance rouge, le caractère sucré était mieux accepté ; dans une ambiance verte, ce sera l'acide, dans le jaune, le salé et dans le bleu, l'amer. Amateurs d'expériences insolites, à vous de jouer...

CRAQUANT

Si le mou est encore très attirant, le craquant et le croustillant sont en train, selon les spécialistes, de lui damer le pion.

La Seconde Guerre mondiale a vu le triomphe du chewing-gum. Si l'on en croit les publicités, l'ère de l'informatique aime ce qui se croque en craquant. Une preuve ? Les « crackers » arrivent en très bonne position dans la liste des aliments préférés des enfants.

Faites-leur entendre le craquant de la pomme sous la dent. Qu'ils comparent le croustillant de telle ou telle marque de biscotte, et de la même biscotte conservée au sec ou modifiée par une atmosphère humide, etc.

CRÈCHE

Faire la difficile, lorsque l'on a trouvé une place dans une crèche pour son bébé peut être périlleux (surtout à Paris !). Pourtant, la façon dont il y mangera peut déterminer ses goûts ultérieurs (et ses aversions).

Un conseil : renseignez-vous soigneusement sur la manière dont sont nourris les enfants. Voyez le personnel et si possible, jetez un coup d'œil à la cuisine. Certaines directrices de crèche s'intéressent de très près à l'alimentation. D'autres moins. Surveillez les menus qui doivent être affichés au début de la semaine. N'hésitez pas à poser des questions, voire à faire quelques suggestions. La qualité de la nourriture ne dépend pas toujours des moyens financiers. Une crèche bien gérée sait prévoir ses achats, surveiller ses approvisionnements, varier les repas, etc.

Ne vous trompez pas : si votre bébé pleure en rentrant de la crèche, digère mal, c'est souvent parce qu'il n'apprécie pas ses repas, et surtout la façon dont ils sont donnés ! Attention à l'ambiance affective. Elle est capitale. (Voir « affectivité », p. 128-129.)

CUISSON

Primordiale. Non seulement elle rend l'aliment plus tendre, mais elle l'assainit, en détruisant les germes, arrête les évolutions enzymatiques comme les oxydations. Et surtout, elle crée des arômes nouveaux. Selon le mode de cuisson, le goût des choses change. Résumons :
La friture consiste à plonger un aliment dans un corps gras à haute température.

Le four de la cuisinière ou de la gazinière dispense une chaleur sèche. (Il existe aujourd'hui de nouveaux fours à humidification, à chaleur tournante.)

Autre procédé, la chaleur par rayonnement (barbecue, gril, broche).

Avec la chaleur humide, plusieurs modalités se présentent : l'aliment est immergé, c'est le cas du pot-au-feu. Ou bien l'aliment est maintenu au-dessus de l'eau, qui dégage de la vapeur (cuisson selon le principe du couscoussier). Enfin, cuisson à la vapeur et sous pression, avec les Cocottes-Minute.

Complètement différent : le four à micro-ondes, où la cuisson ne résulte pas de la chaleur mais d'un bombardement de micro-ondes.

Il ne s'agit pas d'acheter quatre fours, mais de connaître les avantages ou les inconvénients des divers modes de cuisson sur le plan gustatif. Le choix entre ces différents systèmes dépend d'abord du type de cuisine que vous faites. Et de votre budget « équipement » !

Éviter (sauf pour des cas très précis) les fritures qui, en imprégnant l'aliment de graisse, modifie ses arômes, sa texture, etc., et le rendent plus difficile à digérer.

Cultiver la cuisson à la vapeur rapide, mais non sous pression, car elle permet de conserver au mieux les substances d'un légume, d'un poisson, etc.

Privilégier la cuisson à la broche pour le poulet, le gigot, etc., qu'elle débarrasse de leur graisse superflue et rendent croustillants.

Découvrir la cuisson à chaleur tournante, excellente par exemple pour les rôtis, qu'elle rend plus moelleux.

Enfin, garder le four à micro-ondes pour faire réchauffer certains plats en sauce (il remplace le bain-marie de nos grand-mères), ou décongeler ceux, que vous aurez vous-même cuisinés et conservés en les congelant. Et savoir que quelques chefs vantent ses qualités pour la cuisson des filets de poisson et de certains légumes auxquels il conserve leur originalité.

CULPABILITÉ

De grâce, ne les culpabilisez pas ! Évidemment, il y a de quoi s'énerverver devant un enfant qui refuse tout. (Voir « dégoût », p. 139.) De quoi s'indigner, de les voir noyer votre délicieuse omelette aux champignons ou votre blanquette bien mitonnée dans le ketchup ou la moutarde extra-forte ! Et vous vous demandez si vous avez affaire à un anormal lorsqu'il trempe son gruyère dans son café, etc.

Votre cuisine ne doit pas être un tribunal. Ni bien ni mal, dans les goûts... si bizarres soient-ils. Mais peut-être des messages déguisés. Prudence. (Voir « manies, marottes, etc. », p. 148-149.)

DÉCORATION

On peut porter des culottes courtes, on n'en est pas moins esthète !

Les petits enfants sont très sensibles aux couleurs et aux formes. Certaines directrices de crèche le savent et elles recommandent de ne pas leur donner tout un menu blanc. Si l'on offre des bettes, mettre le blanc et le vert. Ou bien ajouter une bonne quantité de persil haché très fin sur les légumes. Intercaler des tranches de betteraves avec des tranches de pommes, ou du maïs. L'été, jouer la menthe fraîche sur le taboulé, qu'ils adorent. Servir le fromage blanc avec un peu de compote. Et du gâteau marbré au yaourt. Ces mélanges sont à la fois plus savoureux et plus gais. En un mot, il faut jouer avec les couleurs autant qu'avec les saveurs.

Toujours pour accrocher l'œil, ne pas hésiter à dessiner à la fourchette des croisillons sur les purées ou le fromage blanc, etc.

Très important : soigner aussi la vaisselle. Les tout-petits l'aiment vive, attrayante, autant que pratique. Et ils préfèrent voir ce qu'ils boivent. Pas de timbale en plastique opaque, donc.

DÉGOÛT (REJET, AVERSION)

Votre enfant est dégoûté par les épinards, le lait, la viande rouge... (voir ces rubriques, p. 141, 147, 163, ainsi qu'« allergie », p. 130).

Ne pas s'alarmer. Ne pas confondre dégoûts ponctuels, et refus de la nourriture, ou anorexie, qui relève de la médecine. Les aversions pour certains aliments peuvent être tout à fait normales et seulement temporaires.

À partir de sa naissance, votre fille ou votre fils va traverser plusieurs phases de rejet. La plus caractéristique, dite période de « néophobie » alimentaire se situe aux alentours de quatre ou cinq ans. (Voir II, première partie, p. 21 et rubrique « âge », p. 129.)

Il faut savoir attendre. Redonner l'aliment un autre jour, éventuellement sous une autre forme (on peut varier la cuisson, l'assaisonnement, etc.) ou associé avec d'autres. Ne pas capituler, donc, sauf en cas d'intolérance digestive.

Avec le pré-adolescent, les refus alimentaires sont également fréquents. Le goût change vers dix ans, en raison de modifications physiologiques au niveau sensoriel. Mais la puberté peut être aussi l'âge des boulimies ou celui des anorexies, d'origine psychologique. Ces deux comportements reflètent parfois un conflit avec l'entourage familial ou scolaire. Un adolescent peut exprimer par son refus de la soupe ou de la viande bien autre chose qu'un simple manque d'attirance au niveau gustatif.

À vous de décrypter ces dégoûts, sans partialité. Il faut du doigté... et beaucoup de patience.

DUR

Les enfants aiment de moins en moins les aliments durs. (Voir aussi « fibreux », p. 142-143.) Quelques médecins commencent même à poser certaines questions : si l'on continue à trop favoriser le mou, à terme, on risque de voir les mâchoires s'atrophier... D'autant que le marketing joue sur ce refus de l'effort chez les jeunes... Du mou, du mou, encore du mou... (voir « viande », p. 163.) Première règle : introduire des morceaux de viande ou de jambon coupés finement dans les purées dès le quatrième mois. Si l'on tarde trop, le bébé refusera de mâcher. Ensuite, ne pas abuser du mixage (voir cette rubrique, p. 151). Enfin, éviter de servir dans un même repas une viande dure, un légume fibreux et un fruit trop ferme. Mais ne pas tomber dans l'excès inverse en n'offrant que des purées ou des compotes. Ce serait encourager leur paresse... et les priver de certaines saveurs qui méritent un bon coup de dent...

EAU

Eau potable, oui, mais eau buvable ?

Comme les Américains, les Français se plaignent de plus en plus du goût désagréable de l'eau du robinet. Lui sont reprochés principalement son goût de « moisi-terre », de chlore, mais aussi sa saveur amère, son goût de « piscine », de mandarine, d'épice, et même de caramel... etc. Aucun danger. Mais les chercheurs des deux côtés de l'Atlantique ont mis leurs travaux en commun pour améliorer les choses.

En attendant, si votre enfant rechigne à boire de l'eau pure, lui préférant des boissons chimiques, faites le maximum pour la lui rendre plus attrayante.

D'abord, servez-lui à boire de l'eau fraîche (mais non glacée) dans un verre transparent et rigoureusement propre. Et apprenez-lui à nettoyez soigneusement la carafe ou le pot à eau avec du vinaigre pour dissoudre le calcaire.

Ensuite, associez-la à quelques cuillerées de jus de fruits (orange, citron, ou fruits de saison), un peu de sirop, ou à la rigueur, quelques gouttes de vin. L'avantage est évident : vous pouvez doser vous-même dans le verre et vous évitez ainsi qu'il ne s'habitue aux boissons gazeuses, dont l'abus entraîne de nombreux dommages digestifs.

ENDIVE

La pousse blanche de la chicorée de Bruxelles n'est pas leur légume préféré ! Sa saveur naturelle les fait grimacer longtemps. Un grand nombre de gens, particulièrement sensibles à l'amertume, (c'est assez inégal ; voir « amer », p. 130-131) la détestent toute leur vie...

Inutile de les forcer. Mieux vaut la leur faire goûter d'abord crue, en salade. Le goût en est beaucoup plus doux. Si l'on veut adoucir l'amertume pendant la cuisson, il faut connaître quelques « trucs » de grand-mère tout à fait indispensables : commencer par évider au maximum avec un couteau pointu le cœur de l'endive ; ensuite, pour la cuisson à l'eau, jeter la première eau où l'on aura simplement fait « blanchir » le légume. Dans la seconde eau, on peut ajouter un gros morceau de mie de pain qui absorbera encore le restant d'amertume. Pour les endives braisées ou à l'étuvée, l'oignon, et éventuellement un petit morceau de sucre ajouté dans la cocotte, seront là pour adoucir. Quelques chefs ajoutent du jus de citron, ou bien de la noix de muscade avec encore une julienne de pommes. À moins que l'on ne les serve avec la béchamel au gruyère, gratinées au four. Ou avec un beurre blanc.

ÉPICES, HERBES, ETC.

Leur usage varie selon les régions et les saisons. Elles seront la joie de votre cuisine, et feront du plat le plus simple un régal pour l'œil autant que pour le goût.

L'enfant y est très sensible. Autant la prudence est recommandée avec les épices pour le tout-petit, autant l'on peut se permettre de jouer avec les herbes. Il appréciera plus les légumes s'ils sont relevés par du persil (haché très fin), ou du cerfeuil, plus difficile à trouver parfois, mais plus savoureux. Une sauce faite avec de la crème fraîche relevée de fines herbes l'enchantera... Bonjour romarin, aneth, basilic, etc. (Les enfants raffolent de la soupe au « pistou »...)

Pour les épices, évitez le piment fort. N'oubliez pas que son palais est beaucoup plus sensible que celui d'un adulte. Préférez-lui le paprika doux (car il y a aussi du paprika fort, très fort), une pointe de muscade ou de gingembre. Ces assaisonnements doivent être une occasion de découverte. De quels pays viennent-ils ? Avec quels plats les mettre et pourquoi ? Autant de questions qui l'intéresseront.

Achetez un livre sur les épices et les herbes. Laissez-lui mouliner le persil. Et (si vous n'avez pas de jardin) faites pousser avec lui sur le balcon thym, laurier, etc. Il surveillera cette microculture avec fierté.

ÉPINARDS

Ils font partie avec les endives et les poivrons de leurs principales « bêtes noires » en matière de légumes... Il faut savoir que l'épinard n'a pas en fait toutes les vertus dont on le parait autrefois. On trouve autant de fer assimilable, sinon plus, dans bien d'autres aliments. Alors pourquoi engager une guerre à table ?

Éviter principalement les épinards en conserve qui, souvent, ont un goût désagréable car ils supportent mal le voisinage du métal. Leur préférer les épinards surgelés, surtout hachés, pour les petits (mais ne pas oublier de les saler). Ils les apprécieront peut-être avec de la crème fraîche et une pincée de noix muscade, ou encore gratinés avec du fromage.

Mais si vous vous sentez le courage de préparer des épinards frais à l'étuvée, ou braisés avec des petits oignons... peut-être aimeront-ils enfin le légume cher à Popeye.

EXOTISME

En matière gastronomique, l'exotisme plaît aux enfants. Parce qu'il est synonyme de saveurs et de présentations inhabituelles... (voir aussi « épices », p. 141.)

N'hésitez pas à l'emmener au restaurant (voir ce mot, p. 157) chinois, par exemple, ce sera pour lui une fête. Sorti de l'âge de la méfiance, il adorera les viandes et les volailles prédécoupées, les beignets de crevettes, les lychees, etc.

Naturellement, son palais n'est pas encore préparé à accueillir les saveurs très fortes (piment, poivre, etc.). En revanche, il peut apprécier la citronnelle, chère aux Asiatiques. Et il découvrira avec délices les mélanges sucré-salé.

L'exotisme à la maison peut être un excellent ouvreur d'appétit. Une manière aussi de voyager sans se déplacer, tout en s'instruisant avec le « chili con carne », le poulet à la marocaine, etc. Autre avantage, la cuisine « d'ailleurs » rend plus ouvert aux goûts des petits camarades d'école étrangers.

Ramenez un livre de recettes des pays où vous allez en vacances...

FACILITÉ

Le petit enfant aime ce qui est facile. Il ne faut pas trop l'encourager à la paresse (voir « dur », p. 139-140) mais on doit tenir compte du fait que ses mâchoires ne sont pas encore complètement opérationnelles !

Quelques petits trucs pour lui faciliter la vie : remplacer le beurre sur la tartine de pain par du fromage blanc. Elle le ramollit davantage. Mouliner le jambon et le bifsteck. (C'est mieux que de les mixer. Voir cette rubrique, p. 151.) Couper les fruits, les légumes ou la viande en petits morceaux ou en fines lamelles. Etc.

FAST FOOD

La première fois, c'est un jeu. Les adolescents aiment le fréquenter avec les copains... Très vite, ce n'est plus qu'un pis-aller. Mais c'est souvent mieux que la cantine ou le « restau U »...

Apprenez-leur à choisir le meilleur rapport qualité-prix. Entre le croustillant des frites de la chaîne X ou Y, et parmi les différentes qualités de viande servies, ou bien dans le choix et la qualité des glaces... il existe des variations sensibles qu'ils peuvent remarquer.

Faites-leur découvrir aussi des nouveaux systèmes de restauration rapide à la française (croissanterie, tarterie, saladerie, etc.). Quelques établissements offrent des produits très acceptables.

Plutôt que de pester contre la « standardisation » (mot un peu « ringard »...), faites-les miser sur la concurrence. Mais de votre côté, accentuez la différence entre vos repas « festifs » à la maison, et la nourriture quotidienne prise dehors. Ils apprécieront.

FÊTE

Dire que les enfants adorent la fête est une banalité... Une vraie fête (anniversaire, ou tout autre événement) doit impressionner leur mémoire sur le plan gastronomique. Inversement, un bon plat doit être apprécié comme une fête...

Il n'est pas mauvais de « théâtraliser » un peu vos grandes recettes. Sortez la jolie vaisselle, décorez la table. Ces souvenirs marqueront leur enfance positivement.

Aidez-les à monter une fête avec des copains. Faites-leur parler des fêtes à l'école. Demandez (discrètement) à la directrice de la crèche si elle en organise... (Si tel est le cas, c'est plutôt bon signe).

FIBREUX

Le fibreux est l'ennemi du tout-petit... D'où sa répugnance pour l'endive (légume non seulement fibreux, mais amer), le poireau, ou certaines viandes.

Cela dit, il ne s'agit pas de faire disparaître de l'alimentation tout ce qui est fibreux. Certains industriels offrent sur le marché un jambon sans fibres, (voir « jambon », p. 146) complètement insipide.

Mieux vaut servir au bébé un jambon et une viande de qualité et les passer à la moulinette jusqu'à ce qu'il soit capable de mâcher. Plus tard, couper la viande de l'enfant dans le sens des fibres, en lamelles minces.

Ne pas craindre de demander conseil au boucher. Quelques légumes (voir « endive », p. 140-141) peuvent être rendus plus agréables avec un mode de cuisson approprié.

FLAVEUR

Ce terme est inconnu du profane. C'est un vieu mot purement français (Littré p. 1652) et non un anglicisme comme on pourrait le supposer *(flavour)*. Il désigne en fait la résultante de deux sensations distinctes : l'olfaction et la gustation. L'olfaction se produit grâce à notre bulbe olfactif, situé en arrière des fosses nasales (voir tableau V « la tête » p. I), et la gustation grâce aux « bourgeons gustatifs » (la partie « sensorielle », située dans les papilles, sur notre langue). Dans notre cerveau, les informations olfactives et gustatives se mélangent pour donner la « flaveur ».

Faites-lui bien distinguer ses différentes sensations. Expliquez-lui ce qui se passe, lorsqu'il est enrhumé : privé d'odorat, il croit être privé de goût... (lire I, première partie, p. 15).

FORCER

Forcer un enfant à manger un aliment qu'il refuse, par la menace ou le chantage, est évidemment le meilleur moyen de l'en dégoûter définitivement !

Il faut, bien naturellement, tenir compte de son « originalité » gustative (chaque appareil sensoriel étant unique) et de son âge (voir cette rubrique, p. 129, et aussi « nouveau », p. 152), surtout entre quatre et cinq ans, période dite de « néo-phobie » alimentaire.

Non pas forcer, mais séduire. En rendant l'aliment lui-même le plus attractif possible. Et s'il le refuse, le présenter une deuxième fois, au repas suivant. Ce qu'il aura déjà visualisé une première fois lui paraîtra déjà moins rébarbatif. Recommencer au besoin... Ne pas céder. Sauf en cas d'intolérance digestive, évidemment.

FROMAGE

Les enfants craignent souvent les odeurs du lacté fermenté. Une enquête effectuée auprès de garçons et de filles de quatre ans à qui l'on avait fait sentir plusieurs odeurs a montré que celle du fromage n'était appréciée que par ceux qui la reconnaissaient (la moitié d'entre eux). Ceux-là répondaient « ça sent bon ». À sept ans, un tiers la reconnaissent et environ dix pour cent seulement l'apprécient. (Voir II, première partie, p. 21 et la rubrique « âge », p. 129.)

Le fermenté du fromage fait partie des odeurs fortes. Après la puberté, donc après une modification de l'appareil sensoriel, tout change. D'une manière générale, les fromages forts sont moins appréciés qu'autrefois, même parmi les adultes.

Attendez donc pour faire goûter à votre enfant du Maroilles ou du Munster ! Mais achetez du bon Comté, du Beaufort, etc. Il est friand des fromages à pâte cuite à cause de leur caractère lisse et de leur saveur parfumée, mais sans excès.

Préférez le fromage « à la coupe » au fromage sous plastique. (Voir « conditionnement », p. 136). Le second perd une grande partie de ses caractères « organoleptiques » (saveur, odeur, etc.) car le froid bloque les arômes.

Pour qu'il ne reste pas un béotien, apprenez-lui la différence entre un fromage « fermier » (au lait cru) et un fromage « laitier » (au lait « thermisé », ayant été chauffé à une température de 60°). Élémentaire, mon cher Watson !

FRUITS

Riches en arômes, les fruits plaisent aux enfants. À condition de leur être offerts suffisamment mûrs (ils sont, hélas, de plus en plus souvent vendus complètement verts). Mais une grande majorité d'entre eux sont trop paresseux pour les peler ! Résultat, ils restent dans le compotier.

Épluchez-les pour le tout-petit. (Mais pas trop longtemps... Il en abuserait !) Pour l'inciter à peler sa pomme ou sa poire (ou à couper sa viande !), offrez-lui un couteau pratique, pourquoi pas, à ses initiales...).

Oui aux compotes, aux salades, aux jus de fruits frais (il existe une quantité de presse-fruits sur le marché), qui permettent de profiter des saveurs les plus variées. N'oubliez pas les fruits exotiques : quelques tranches de mangue ou de kiwi mélangées aux fruits plus classiques font d'une salade une véritable fête.

La saison des framboises et des groseilles est très courte. Si vous avez un jardin, évidemment, vous congelez vous-même une partie de votre récolte... Mais vous pouvez aussi, faute de mieux, acheter ces denrées surgelées dans le commerce (leur rapport qualité-prix est intéressant), et en agrémenter vos « milk-shakes » ou vos desserts. L'avantage est double : cette formule de dépannage reste honorable sur le plan gustatif ; d'autre part, vous pouvez doser le sucre à votre convenance, ce qui n'est pas le cas avec les confitures.

Apprenez à vos enfants dès que possible à reconnaître les « bons » fruits des autres. Comme les légumes, les plus gros et les plus colorés ne sont pas forcément les meilleurs. Allez-y de votre petit cours sur la pomme, dont il existait plus de deux mille variétés au siècle dernier (il n'en reste plus qu'une douzaine aujourd'hui) et faites-leur comparer les saveurs de la modeste Reine des Reinettes ou de la sobre Canada avec celles de fruits trop farineux ou trop rouges pour être honnêtes...

GÂTEAU

Comme le chocolat, la confiture, etc., les gâteaux sont une promesse de plaisir, une récompense, une joie, tout à fait naturelles pour les enfants et les adolescents...

Autant leur faire apprécier la bonne pâtisserie. La vôtre, ou celle d'un bon fournisseur.

Éviter de l'habituer aux produits industriels de mauvaise qualité, souvent trop sucrés, qui affadissent son goût et lui coupent l'appétit. Comparer avec lui les qualités gustatives (saveur, craquant, etc.) des galettes X ou Y. Faites-lui lire, dès qu'il en est capable, leur composition (voir colorant). S'agit-il de gâteau « pur beurre » ? Les fruits sont-ils frais ou non ? Etc.

Apprenez-lui quelques recettes simples : gâteau au yaourt, quatre-quarts, etc.

Mais si, malgré tous vos efforts, il (ou elle) continue à s'acheter en douce des petits biscuits que vous trouvez bien mauvais, n'en faites surtout pas un drame ! Les gâteaux ont une valeur de symbole. Un adolescent qui paraît en abuser se donne parfois à lui-même des gratifications qu'il ne croit pas trouver dans sa famille...

GOÛTER, DÉGUSTER

Ils doivent savoir goûter un mets. Cela va sans dire ? Pas sûr... Pour faire de votre bébé, puis de votre enfant, un gastronome, il faut lui apprendre à déguster, avant de se jeter sur la nourriture comme un goinfre. Jamais de précipitation à table. Vous devez, par toute votre attitude, lui faire comprendre que ce qu'il mange mérite son attention. Une attention de tous ses sens.

Pas de lecture pendant les repas (voir ce mot, p. 157) ni de fond sonore, qui empêchent d'apprécier pleinement la saveur des aliments...

Si possible, pas d'odeurs désagréables dans la cuisine (friture, chou, etc.).

Pas de consommations « parasites » avant le déjeuner ou le dîner (paquet de biscuits, Coca-Cola ou soda hyper-sucré), qui lui couperont l'appétit et chargeront son palais.

Enfin, autre évidence tout de même bonne à rappeler, goûtez d'abord vous-même tout ce que vous lui proposez. Y compris un médicament. C'est une sage précaution qui évite souvent des pleurs inutiles.

GRAS

N'en déplaise aux diététiciens, ce qui est gras est parfois plus savoureux.

Mais attention, il existe gras et gras. L'enfant, comme l'adulte, n'apprécie guère une cuisine huileuse et, sauf exception, il détestera le gras de la viande ou du jambon.

En revanche, il préfère une viande moelleuse, tendre. Ne vous y trompez pas : il existe une relation étroite entre la texture tendre et la teneur en matières grasses. (Voir « viande », p. 163.) Un conseil : enlever au petit enfant le gras de sa viande avant de la lui servir.

À vous de trouver un juste équilibre entre le gras et le maigre dans votre table. Nous sommes entrés dans la « fureur anti-matières grasses » qui sévit déjà aux États-Unis et dans plusieurs pays occidentaux. Mais ce n'est pas parce que vous souhaitez perdre plusieurs kilos que vous devez priver complètement votre enfant de ce dont il a besoin ! Tristes fromages, tristes yaourts, dits « zéro pour cent » !

HAMBURGER

Ne dites pas : « Il ne mangera jamais de hamburger. » Mais plutôt : « Je lui ferai de bons hamburgers. »

Le hamburger, invention américaine, est généralement fabriqué (dans les fast foods) avec de la viande très surveillée, sur le plan de l'hygiène, mais très grasse et de qualité médiocre (voir « viande », p. 163).

En revanche, vos hamburgers « maison », réalisés avec un reste de rôti ou de tout autre viande, mélangée (éventuellement) à un reste de jambon, le tout agrémenté de quelques herbes, d'un peu d'oignon haché très fin, etc., peuvent être un régal et un plat facile à manger pour un petit enfant.

HERBES (voir ÉPICES)

INTERDICTION

Le goût est ami de la liberté. Interdire certains aliments (quand ils ne sont pas dangereux) est aussi vain que de forcer (voir ce mot, p. 143) à en manger d'autres.

Les condiments à saveur forte ont un parfum d'interdit qui séduit souvent les enfants. D'autre part, les petits sont naturellement portés à abuser du vinaigre (voir ce mot, p. 163-164). Il convient donc de se montrer souple et persuasif dans ce domaine.

Faut-il interdire le vin, le champagne, etc., et si oui jusqu'à quel âge ? Question de bon sens. Non pas interdire, mais « ne pas servir ». Une goutte de champagne ou de bon vin le soir du réveillon n'a jamais fait de mal à un enfant, passé l'âge de quatre ou cinq ans. Prudence, tout de même... S'il refuse, ne pas insister.

JAMBON

Moins dur que la viande, il est l'ami des enfants. Il est même recommandé d'en donner au bébé à partir de quatre mois en le lui moulinant dans ses purées. Cela l'habitue aux petits morceaux.

Éviter d'acheter des tranches prédécoupées sous plastique (voir « conditionnement », p. 136). Outre le fait que l'emballage entraîne des modifications dommageables sur le plan gustatif, il s'agit souvent d'un produit, ayant subi un traitement spécial pour supprimer ses fibres, plus proche de la galantine que du jambon. Comme pour le fromage, le rapport qualité-prix entre ce produit « trafiqué » et le jambon à la coupe ne plaide pas en faveur du premier.

Pas terrible non plus, le jambon « dégraissé » (voir la rubrique « gras », p. 145), découenné, calibré...

Apprenez-leur, quand ils ont l'âge, à reconnaître un bon jambon cuit à sa couleur rosée et nuancée, à ses fibres, etc. À l'occasion des vacances, achetez avec eux chez le producteur un vrai jambon de montagne (qui ne doit pas être trop salé), etc.

JETER

Sans tomber dans le « rétro », ni dans l'excès de moralisme, on peut conseiller à un enfant de ne pas jeter la nourriture (y compris le pain). Il apprendra ainsi à la respecter, et surtout, à respecter la personne qui l'a confectionnée.

On peut ainsi trouver un nouvel assaisonnement, une nouvelle préparation, et donner un air de neuf à ces « restes », que les grand-mères savaient rendre si savoureux.

S'il jette un paquet de biscuits de mauvaise qualité, indiquez-lui une bonne marque, pour la prochaine fois...

JEU

Montrez-lui que la cuisine est une technique créative, donc un jeu, entre les saveurs, les modes de cuisson, etc.

Faites-le jouer à découvrir les quatre saveurs (voir cette rubrique, p. 159) dites « de base » (ou « primaires ») à l'aide de petits tests simples.

Apprenez-lui le jeu des accords gustatifs : pourquoi des petits lardons avec la salade frisée, la muscade dans la béchamel, le citron ou la crème fraîche sur les fraises, etc.

Faites-le jouer, lui aussi, au pâtissier, au cuisinier, en lui apprenant des recettes simples. Ou au chef, voire au maître d'hôtel, en lui demandant de vous suggérer un menu entier...

Mais ne le laissez pas trop jouer à table. Cela le distrait et le rend indifférent à ce qu'il mange.

KETCHUP

Cette préparation (d'origine indo-américaine) plaît aux enfants par sa couleur vive et sa saveur sucrée. Certains en mettent partout, comme les Américains...

L'interdire serait maladroit. Avant de fulminer, essayez de comprendre pourquoi ils l'aiment tant. Que représente-t-il pour eux ? Où et avec qui en ont-ils goûté pour la première fois ?

Faites-leur déguster un vrai coulis de tomates maison, bien parfumé. (Si vous avez un congélateur, vous pouvez conserver vous-même un stock de votre coulis, dont vous pourrez disposer en permanence pour les pâtes, les œufs sur le plat, etc.) Le ketchup sera alors vite détrôné ! (à condition de prévoir à temps la décongélation du coulis que vous aurez pris soin de surgeler par petites quantités).

LAIT

(Voir aussi « allaitement », p. 130).

Lait maternel ou lait artificiel ? Question qu'il ne nous appartient pas de trancher.

Simplement, il faut savoir, dans le cas de l'allaitement au sein, que le nourrisson est sensible aux modifications de consistance et de goût du lait au cours de la tétée : au début, la sécrétion est très aqueuse et devient ensuite plus épaisse, la teneur en lipides pouvant quadrupler. Deux conséquences possibles, pour le bébé : ou bien il n'aura plus faim, ou bien il aura soif d'eau et cherchera à têter l'autre sein, au lait plus aqueux.

Avec l'allaitement artificiel, à base d'ALD (aliments lactés diététiques), on rencontre assez fréquemment des cas d'intolérance. Consulter absolument le pédiatre.

Plus tard, après la période de la petite enfance, n'hésitez pas à varier les origines des laits du commerce. Leurs qualités gustatives sont très variables.

Quant au lait cru de la ferme, il n'est pas forcément d'un goût incomparable (cela dépend des herbages et de la race des animaux...) et il faut le faire bouillir. Sachez que la peau du lait est l'aliment le plus détesté en France (sauf dans les gâteaux !). Ce n'est pas le cas dans d'autres pays où elle est considérée comme une véritable gourmandise.

LISSE

(Voir aussi « mâcher », p. 148 et « mixage », p. 151.)

Le lisse est plein de séduction, pour le bébé et pour l'enfant. D'où sa passion des crèmes, des glaces, des fromages à pâtes pressées cuites (gruyère, Comté, etc.).

Tout de même, ce n'est pas une raison pour trop encourager sa paresse et tout passer au mixer. L'excès de lisse camoufle les saveurs.

LÉGUMES

Les légumes sont souvent un sujet de bagarre entre la mère de famille et son enfant, quand, sous prétexte qu'ils sont « bons pour la santé », elle veut l'obliger à avaler d'insipides carottes ou de tristes haricots verts, mal cuits, mal assaisonnés, etc. Sans parler des endives ou des épinards ! (voir ces mots, p. 140-141). Il faut savoir que le goût pour les légumes n'est guère fréquent avant la puberté.

Première règle : ils doivent être cuits à point, de préférence à la vapeur, pour garder leur saveur.

Deuxième règle : leur donner du goût (voir « herbes », p. 146) et varier les mélanges de couleur. (Voir aussi « décoration », p. 139.)

Troisième règle : les couper en petits dés... ils passeront mieux que les gros morceaux.

Dans les surgelés, ils aiment les petits pois, les épinards hachés (à condition de les assaisonner), les purées de carottes, de brocolis, parfois de céleris.

Leurs plats de légumes préférés : ratatouille, taboulé, soupe au pistou, gratin de courgettes, etc.

Un luxe un peu rétro, mais qu'ils apprécient : une soupe de légumes frais, parfumée, avec un peu de potiron, passée à la moulinette (grille fine) plutôt qu'au mixer (voir ce mot, p. 151).

MÂCHER, MASTIQUER

Pour apprécier des mets la substantifique moelle, encore faut-il mâcher convenablement. On ne peut déguster un plat sans un minimum d'effort. Les enfants deviennent paresseux de la mâchoire... les publicitaires le savent bien, qui insistent sur le mou, le lisse, etc.

Pas une raison pour les assommer par d'intempestifs « mâche ta viande »...

MAINS (SE LAVER LES)

Ce n'est pas seulement une « formalité », un rituel de politesse, ou une question d'hygiène. Un enfant doit se laver les mains avant de passer à table, non seulement pour se préserver des microbes, mais aussi pour éviter que des odeurs parasites accrochées à ses doigts ne viennent gâcher son plaisir de manger. Expliquez-le-lui.

MANIES, MAROTTES, ETC.

Beaucoup de parents se désespèrent devant les habitudes alimentaires parfois aberrantes de leurs rejetons. Certaines ont de quoi surprendre... Untel se fabrique des sandwiches avec du choco BN et des tranches de saucisson, tel autre trempe son gruyère dans son café... Ou bien ce sont de véritables « monomanies » : celui-ci ne se nourrit que de crackers, celle-là, de lait concentré sucré. Etc !

Que faire ? Surtout, pas de morale. Et pas de panique. Aussi bizarre que cela vous paraisse, ces aliments sont nourrissants. Donc, votre grand dadais ou votre chère petite ne sont pas en danger.

Le goût ne s'impose pas, il se transmet, par une série de petits gestes. Et dans une certaine ambiance...

Première question, comment s'est-il (elle) comporté(e) pendant son enfance devant son assiette, et comment avez-vous réagi ? Y a-t-il eu conflit ? (Voir les rubriques « âge », p. 129, « affectivité », p. 128-129, « culpabilité », p. 138-139, « dégoût », p. 139.) Ces manies viennent souvent d'une incompréhension entre parents et enfants, ou d'une indifférence, ou d'une négligence...

Un seul conseil : du doigté, et même un peu d'hypocrisie... « Fais-moi goûter pour voir ton sandwich »... Autre recours, le gag : S'il s'appelle François, servez un jour des « sandwiches François » au saucisson et au choco BN à toute la famille. (Prévoyez un plat de rechange, particulièrement savoureux.) Vous ne le « guérirez » pas forcément tout de suite. (Il n'est pas malade !) Mais vous l'aurez fait rire. Très bon pour ouvrir l'appétit...

MARCHÉ

Éduquer son palais, c'est cultiver d'abord son sens de l'observation et son sens critique.

Pas de meilleur moyen que de l'emmener au marché avec vous. Avant de comprendre ce qui s'y passe, ce qu'il faut acheter, etc., il y verra des couleurs et il y humera des odeurs... Et il verra comment vous choisissez... À vous d'en faire un consommateur averti en lui apprenant à comparer les fruits ou les fromages de tel ou tel marchand.

Si vous l'envoyez faire le marché à votre place, ne lui dites pas : « Rapporte-moi un kilo de pommes de terre et trois bifteck » (ce qui laisserait supposer que vous vous moquez de ce que vous achetez et de ce que vous mangez) mais : « Va chez X où tu trouveras des Belles de Fontenay et chez Y où tu prendras trois morceaux de.... persillée, de tranche ou de bavette ! »

MARGARINE

L'oléo-margarine a été mise au point en 1870 par Mège-Mouriès. Ce succédané de beurre était composé à l'origine de graisse de bœuf, progressivement remplacée par des huiles végétales.

Sachez que les margarines spéciales utilisées dans la biscuiterie et la pâtisserie contiennent encore des graisses animales, notamment de l'huile de baleine hydrogénée.

Sachez aussi que les industriels sont tenus de rajouter dans ce produit un « révélateur » (amidon ou fécule) pour éviter toute confusion car à l'œil, rien ne permet au consommateur de distinguer la margarine du vrai beurre.

Apprenez donc à votre enfant à reconnaître au goût un bon et vrai beurre. Attention aux produits de substitution dits « beurres allégés »...

MATERNITÉ

(Voir aussi « pédiatre », p. 155.)

Libre à vous de choisir la maternité X ou Y pour accoucher. Mais n'en attendez aucune indication utile à la formation du goût chez votre bébé. « Le pédiatre a un rôle d'éducation sanitaire personnalisée lors de la sortie de maternité de la mère et de son enfant. » (Extrait de la brochure remise à la future mère à son entrée dans une maternité.)

Pourtant, un nourrisson exprime déjà, dès la naissance, des réactions au sucré, à l'amer, etc. (voir I, première partie, p. 15).

Le goût de votre lait, ou celui du biberon sont très importants. (Voir aussi « lait », p. 147, « allaitement », p. 130.) Mais tout aussi importante est la manière de nourrir le nouveau venu. Il ne suffit donc pas de vous cantonner aux conseils nutritionnels et diététiques. Rien de plus affectif que le goût ! (voir « affectivité », p. 128-129).

Médicaments

Goûtez toujours les médicaments que vous présentez au tout-petit. Attention au stérogyl (vitamine D), prescrit par le pédiatre pour les nouveau-nés. Cette substance est très amère et il faut la diluer dans du jus d'orange ou de l'eau sucrée.

Beaucoup de sirops contre la toux sont aromatisés avec de la framboise ou de la fraise, de manière à rendre leur saveur attrayante pour les jeunes palais. Ce n'est pas une raison pour les laisser avaler la moitié de la bouteille. Ces produits sont dangereux à forte dose.

Enfin, l'usage de certains médicaments peut altérer le goût, principalement les drogues psychotropes. Elles provoquent le phénomène de « bouche sèche ».

Certains antidépresseurs agissent également sur les facultés gustatives. De même que quelques antibiotiques. Bien entendu, les cas de « dysgueusies » (altération du goût) sont peu fréquents chez les enfants, qui prennent rarement ce type de médicaments d'une manière continue. Mais si votre fils ou votre fille se plaignait d'un changement de goût des aliments au cours d'un traitement, parlez-en au médecin.

Miel

Il peut agréablement remplacer le sucre dans bien des cas (avec le yaourt, la compote, etc.). Son goût est plus typé, plus fin. Faites-lui comparer les saveurs de différents miels (acacia, miel des Alpes, de Haute-Provence, etc.).

Pendant les vacances, emmenez-le chez l'apiculteur.

Mimique

Dès les premiers jours de sa vie, le nouveau-né réagit aux différentes stimulations sucrées, amères, acides, etc. (voir II, première partie, p. 21 et les rubriques « âge », p. 129, « saveur », p. 159, etc.). Esquisse de sourire pour le sucré, pincement des lèvres pour l'acide, etc.

Au début, il s'agit d'un réflexe involontaire, non intentionnel appelé « réflexe gusto-facial ». Ensuite, vers l'âge de seize mois, le bébé utilise ses mimiques pour se faire comprendre et obtenir ce qu'il aime.

Observez bien ces premières expressions. Elles sont très importantes. Et contrôlez les vôtres. Si vous espérez lui faire aimer les épinards – que vous n'appréciez guère – vos propres mimiques (inconscientes) risquent de vous trahir... Il les verra... et ne croira jamais que les épinards sont bons !

MIXAGE, MIXER

Un excès de mixage écrase les saveurs et amortit les sensations. N'abusez pas du mixeur. Le bébé nourri exclusivement avec les « petits pots » (voir ce mot, p. 156), de présentation très lisse, aura tendance à ne pas trop vouloir mastiquer... Et, plus tard, à rechercher exclusivement le mou.

Passez vos potages ou vos purées à la moulinette de préférence.

Introduisez des petits filaments de jambon ou de viande dès l'âge de cinq mois. Inutile de les mixer.

MOELLEUX

Les enfants plébiscitent cette sensation... D'où leur amour du flan (moelleux et sucré !), des crèmes, des sauces, des purées, etc.

Faites-leur découvrir le moelleux ailleurs : étoffe, coussin, etc.

Qu'ils comparent le moelleux des aliments avec d'autres sensations. Par exemple, le granité, le feuilleté, le coulant, le râpeux, etc.

MONOTONIE

À bas les nouilles et le jambon quotidiens ! Le goût se cultive en misant à fond sur la variété. Ceux qui chipotent à table ou vont acheter en cachette des friandises, des aliments pré-fabriqués aux saveurs médiocres, sont souvent des enfants lassés par une nourriture monotone.

Éveillez leur curiosité par tous les moyens. Changez souvent de menu ; alternez viande blanche, viande rouge ; poisson poché, poisson grillé, etc.

Variez les accompagnements de légumes, les salades, les sauces. Prévoyez, pour les jours de « panne », des plats appétissants que vous aurez cuisinés et congelés vous-même.

Sachez créer de temps à autre un petit « happening » culinaire (nouvelle recette, nouvelle vaisselle, etc.). Il faut que ça bouge dans votre cuisine !

(Voir aussi « décoration », p. 139, « épices », p. 141, etc.)

MOUTARDE

(Voir aussi « vinaigre », p. 163-164.)

En principe, les petits enfants détestent ce qui pique, brûle, etc. Mais vers dix ans, au moment de la prépuberté (voir II, première partie, p. 21 et la rubrique « âge », p. 129), leur appareil sensoriel subit des modifications importantes.

Subitement, ils vont devenir de forts consommateurs de moutarde. Certains auront tendance à en mettre un peu partout. Ne vous inquiétez pas, c'est aussi un jeu. Il s'agit, surtout chez les garçons (mais les filles les imitent !) de s'affirmer par des goûts « forts ».

Ne leur interdisez pas la moutarde (voir « interdiction », p. 146). Vous ne feriez que renforcer son attrait. Choisissez plutôt un produit doux (parfumé à l'estragon, par exemple).

Faites-leur comparer les saveurs des condiments de plusieurs provenances : la Meaux, la Dijon... Expliquez-leur la différence entre une moutarde banale et la vraie moutarde à l'ancienne, avec ses petits grains... Utilisez plusieurs sortes : la forte pour la viande rouge, la parfumée pour les sauces de salade, etc.

NAPPE (voir DÉCORATION)

NOUVEAU

Pour le petit enfant, ce qui est nouveau est dangereux. Il aime ce qu'il connaît. (Voir II, première partie, p. 21 et rubriques « âge », p. 129, « bon, pas bon », p. 133.) Entre quatre et cinq ans, il traverse une période très « rejetante ».

Il faut donc lui présenter plusieurs fois un aliment qu'il ne connaît pas. Si vous sentez qu'un blocage se prépare, n'insistez pas. Attendez quelques jours avant de recommencer l'expérience. Mais ne cédez pas.

Après la puberté, c'est presque l'inverse. Le nouveau sera paré de prestige... (voir aussi « monotonie », p. 151).

ODEUR

(Lire I, première partie, p. 15 et voir aussi « olfaction », p. 153). Les odeurs sont, avec ce que voient nos yeux, les premiers signaux du goût. Ce sont elles qui nous renseignent sur la senteur, le degré de fraîcheur ou de cuisson d'un aliment ou d'une boisson.

Au moment où nous flairons, elles sont envoyées directement vers la muqueuse olfactive.

Dès qu'un aliment pénètre dans notre bouche, ce que l'on perçoit par la voie rétro-nasale ne s'appelle plus odeur, mais arôme (voir ce mot, p. 132). Les arômes sont des odeurs transformées par la modification de température à l'intérieur de la cavité buccale.

L'odorat est fondamental dans la dégustation. Pour éduquer le goût, il faut donc faire travailler le nez.

Apprenez à votre enfant à flairer toutes les odeurs de la nature (sous-bois, iode au bord de la mer, foin coupé, odeurs du jardin, des fruits, des légumes, etc.). Odeurs de la ville, aussi... Odeurs chimiques, etc.

Faites-lui mettre un nom sur ce qu'il flaire. Proposez à son jeune nez différentes herbes et épices dans votre cuisine (voir ces mots, p. 141).

Enfin, montrez de l'indulgence lorsqu'il est enrhumé. Privé d'odorat, il ne peut apprécier ce qu'il mange. Les aliments n'ont plus de « goût ».

ŒUF

Aliment privilégié pour l'enfant, qui a besoin de ses acides aminés, il est aussi chargé de mystère et de poésie.

Sa forme, sa coquille, qu'il faut briser, pour accéder au blanc gluant, qui lui même cache le jaune solaire et coulant... Autant de signaux captivants pour le bébé, qui va déguster cette précieuse nourriture avec la mouillette croustillante bien beurrée.

Sans parler des autres modes de cuisson salée, ni des œufs à la neige, régal des petits...

Il devient de plus en plus difficile de trouver des œufs de poule élevés en liberté. Comme celui du poulet, le goût des œufs n'est plus ce qu'il était. Mais il est tout de même possible d'exiger au moins une fraîcheur maximum, première garantie gustative.

Observez bien l'importance de la « chambre à air », partie vide entre le blanc et la coquille. Plus elle est importante, moins l'œuf est frais. De même, un œuf dont le jaune s'étale dans la poêle ou le plat dès que la coquille est brisée.

Si vous ne connaissez pas un commerçant (ou mieux un fermier !) qui vend des œufs très frais au détail, il faut être particulièrement exigeant sur la fraîcheur des œufs en boîte. L'appellation « œuf frais » n'est pas significative. (Exigez pour les bébés des « extra-frais ».) La date de ramassage n'est pas la date de ponte. Celle-ci est déjà indiquée par certaines firmes. Elle sera bientôt obligatoire. Attention aux boîtes qui n'auront pas été conservées au froid.

Réservez les œufs tout venant pour les faire durcir, exigez la meilleure qualité pour ses œufs coque.

OIGNON (voir AIL)

OLFACTION

L'olfaction est une partie essentielle de la dégustation. Elle s'effectue de deux manières : par les narines et par les voies rétro-nasales (voir I, première partie, p. 21 et aussi « odeur », p. 152).

Lorsque nous flairons une fleur, par exemple, son odeur viendra buter sur les « cornets », petites lames osseuses situées à l'intérieur du nez. En revanche, lorsque nous consommons un aliment ou une boisson, le trajet des « vapeurs » ou des arômes (voir ce mot, p. 132) dégagés à l'intérieur de notre cavité buccale ne rencontre aucun obstacle dans nos narines postérieures, dites « choanes » (voir schéma, p. 16).

Les informations olfactives se dirigent directement vers le bulbe olfactif, à l'avant du cerveau, dans la zone du cortex cérébral. En revanche, les informations captées par les bourgeons gustatifs (situés sur la langue) se dirigent vers la bulbe rachiden (tableau V « la tête » p. I), avant d'être envoyées vers le cortex cérébral, où elles se mélangeront aux sensations olfactives.

Une fois mêlées dans notre cerveau, les informations olfactives et gustatives formeront ce que l'on appelle la « flaveur » (voir ce mot, p. 143).

PAIN

Notre pain quotidien... est l'objet de toutes les nostalgies. Les agriculteurs disparaissent, mais le pain de campagne progresse !

Les enfants l'aiment frais, croustillant, pas trop dur. La baguette parisienne est un régal, lorsqu'elle sort toute chaude du four, mais au bout de quelques heures, elle durcit. C'est un produit très civilisé, fabriqué avec de la farine de grain de froment dont on a éliminé toute l'enveloppe (d'où sa blancheur) et de la levure.

Sachez que plus la farine est foncée, plus elle contient des parties de l'enveloppe du grain. Le goût du seigle est plus « rustique » que celui du froment. Le pain dit « de campagne » en contient une bonne proportion. En outre, il doit être fait au levain. Ce levain provoque une fermentation alcoolique comme dans le

vin. C'est elle qui donnera au pain ses « yeux » après cuisson. Ils seront plus ou moins grands, nombreux, et de forme variable.

Variez les qualités de pain. Les enfants découvriront ainsi plusieurs saveurs, avec leurs tartines de beurre, qu'on peut agrémenter, suivant la saison, de chocolat râpé, de confiture, de miel, de quartiers de pomme, de fraises écrasées, etc.

Apprenez-leur à faire du pain à la maison. Le commerce offre des paquets (contenant des doses de levure) de farine spéciale. (Ils adorent voir lever le pain dans le four !)

Envoyez-les chez le boulanger acheter de la pâte à pain pour confectionner une pizza.

PAPILLES

Sans entrer dans le détail, sachez qu'il existe quatre sortes de papilles (caliciformes, fongiformes, foliées et filiformes) se situant principalement sur la langue mais aussi ailleurs dans la cavité buccale (voir tableau III, p. I) et que les vrais récepteurs gustatifs sont les « bourgeons du goût ». Il s'agit de formations sensorielles spécifiques localisées en plus ou moins grand nombre dans les diverses papilles.

Chez le nouveau-né, les bourgeons gustatifs tapissent encore la face inférieure des joues et la partie inférieure de la langue. Chez l'enfant, le nombre de ces bourgeons est bien plus élevé que chez l'adulte. Ce nombre ne va cesser de diminuer jusqu'à l'âge de six ans. Cela ne change en rien ses aptitudes gustatives.

Sachez enfin qu'une cellule gustative a une durée de vie moyenne d'environ une centaine d'heures. Le renouvellement des cellules est constant. Ce qui explique que nous ayons en permanence une « bouche neuve ».

PASTEURISATION

Inutile de pleurer sur le lait de ferme d'antan. L'enfant des villes est accoutumé à un autre produit. Habitué, au lait pasteurisé ou « UHT », il aura tendance à snober le liquide bien crémeux acheté à prix d'or chez la fermière proche de votre résidence secondaire ou pendant les vacances à la montagne !

C'est quoi, la pasteurisation, au fait ? Ce procédé, inventé par Pasteur en 1890, consiste à porter un produit à une température de 75° à 85° pendant un temps plus ou moins long. Le but initial était d'améliorer l'hygiène du circuit alimentaire. L'ennui, c'est que cela change les caractères « organoleptiques » (saveur, odeur, etc.) du produit. On a donc perfectionné la technique en diminuant les temps de contact et en augmentant les surfaces d'échange. Depuis quelques années, on utilise le procédé « UHT » (deux secondes à 140° C). Parallèlement, les transports sont devenus plus rapides et l'on maîtrise de mieux en mieux la chaîne alimentaire. Ces techniques sûres en matière d'hygiène ne sont malheureusement pas toujours heureuses en matière de goût.

Faites-lui découvrir le goût du lait cru. Mais attention ici aux erreurs de stockage et à la fragilité de ce produit.

PÉDIATRE

Attention, un pédiatre se situe – sauf exception – dans une optique strictement médicale. Lorsque vous sortirez de la maternité, votre enfant dans les bras, ce médecin sera votre premier conseiller. Que pouvez-vous attendre de lui ? Une « éducation sanitaire personnalisée » explique la brochure du Comité national de l'enfance qui vous sera remise ce jour-là.

Autrement dit, les goûts et les dégoûts de votre enfant ne l'intéressent pas, sauf s'ils entraînent un déséquilibre physiologique quantifiable. Ce qui n'est que rarement le cas.

Certains peuvent même se tromper. Tel médecin aura « son » lait, parce qu'un laboratoire le lui fournit en échantillons. Mais si tous les laits ont à peu près la même valeur nutritive, tous n'ont pas le même goût et votre enfant y est sensible. Tel autre oubliera de préciser qu'il faut diluer le stérogyl (vitamine D) dans du lait ou du jus d'orange sucrés, car cette substance très amère fait épouvantablement grimacer le nourrisson. Enfin, les prescriptions de foie de veau, cervelle, etc., sont à prendre avec des pincettes. Combien d'enfants dégoûtés à jamais par les abats (voir « cervelle, foie, etc. », p. 133-134), parce que leur mère scrupuleuse suivait trop aveuglément l'avis du pédiatre.

Des vitamines, oui, mais des mets repoussants, non. Un petit conseil : choisissez de préférence un pédiatre ouvert aux choses de la table...

PETITS POTS

Totalement fiables, homogènes, surcompensés en vitamines, pratiques, etc., les petits pots pour bébés rendent des services incontestables.

Depuis l'arrêté du 1er juillet 1976, leur teneur en sodium a été limitée. Ces préparations paraissent très fades pour les adultes, qui ont souvent, il est vrai, des seuils gustatifs plus élevés que les enfants. L'industrie a voulu faire des produits « acceptables » pour les bébés. Mais qu'est-ce que l'acceptable ? Chacun a déjà, dès la naissance, son propre « seuil » (voir ce mot, p. 159-160). À vous d'en tenir compte, dans le choix entre « petit pot » et potage maison. Mais il est déconseillé de resaler les préparations vendues en pharmacie.

Pas question de rejeter en bloc ce type d'alimentation qui a été soigneusement étudié. Mais il ne faut pas en faire son unique nourriture. Vous risqueriez en effet de le « conditionner » trop étroitement. Sur le plan strictement gustatif, il est souhaitable de lui faire connaître autre chose, dès que possible. L'excès de mixage amortit les saveurs (voir cette rubrique, p. 159). Il faut savoir aussi que les petits pots contiennent de l'amidon (dans une proportion de 0,5 à 5 %). « Ce composant glucidique d'origine céréalière joue un rôle de liant, et évite un effet de décantation. Son utilisation est comparable à celle de la farine pour lier une sauce. Le but est de donner un aspect homogène plus agréable à l'œil et plus lisse au palais. » (Extrait d'une brochure éditée par le syndicat des pharmaciens). C'est bien là le danger, pour notre futur gastronome, qui risque de s'habituer à ce lisse, et ne supportera pas autre chose par la suite si l'on n'y prend garde.

En outre, cet amidon ajouté modifie le goût des légumes, viandes, poissons, etc. Faites-lui donc goûter aussi une soupe de légumes frais passés à la moulinette (à condition de ne pas la conserver plus de deux jours). Ou une vraie purée de pommes de terre ou de carottes dans laquelle vous introduirez, vers l'âge de six mois, de petits filaments de jambon, de viande ou de poisson, quelques herbes fraîches, éventuellement une goutte de citron. Dosez le sucre dans vos compotes de fruits frais.

POISSON (voir ARÊTES)

PUBLICITÉ

La « réclame » fascine les enfants, en particulier la publicité télévisée pour les produits alimentaires.

Sachez en apprécier avec eux la fantaisie, la valeur poétique, etc. Mais apprenez-leur à la décoder. Ne cédez pas au chantage du genre : « Il faut acheter tel ou tel produit, les Untel l'achètent. »

Si les Untel se laissent manipuler par la publicité, c'est leur affaire. Mais non celle de votre fils ou de votre fille... Apprenez-leur à bien lire les messages contenus dans chaque « spot ». Ils deviendront vite d'excellents consommateurs.

PURÉE

Certains légumes qu'ils détestent entiers deviennent parfois des amis une fois réduits à l'état de purée. Votre mixer (voir « mixage », p. 151) peut dans ce cas les aider à leur faire découvrir de nouvelles saveurs. Ou bien vous pouvez acheter ces purées congelées. Plus chères oui, mais appréciées (céleri, brocoli, etc.).

RECETTES

Apprenez-leur vos recettes. Ou bien offrez-leur un livre. Il en existe pour enfants.

Pour eux, savoir exécuter un plat, un dessert, à partir d'une recette est doublement valorisant : cela leur permet de se familiariser avec l'écrit et les notions de quantité, de température de cuisson, etc. Et c'est pour eux une occasion d'exprimer leur créativité.

RÉGION

La vie urbaine a un effet de « métissage » social, ethnique, etc. Doit-on perdre pour autant ses « racines » ? Un enfant né en ville les ignore souvent. Faites-les-lui découvrir à travers la recette de choucroute de votre grand-mère, ou la bouillabaisse de votre belle-mère... En lui expliquant comment chaque région a sa personnalité gastronomique, née de la géographie, du climat, etc. En vacances, n'hésitez pas à lui faire goûter des spécialités régionales. Visitez avec lui un « buron » en Auvergne (où l'on fabrique l'aligot), discutez avec le producteur de fromages de chèvres à la montagne, etc.

REJET (voir DÉGOÛT)

REPAS

Beaucoup de parents se plaignent des goûts bizarres de leurs enfants ou de leur manque d'appétit à table. Un peu d'autocritique : comment se passent les repas à la maison ? Mangez-vous à des heures régulières ? Sur un coin de table sale, ou sur une table joliment dressée ? Tous ensemble, ou chacun à l'heure qui lui plaît ? Ce repas est-il une occasion de se retrouver, ou une corvée ? Etc.

Quant à vos enfants, comment considèrent-ils les repas à la maison ? Ont-ils déjà consommé quelque chose (boisson sucrée, friandise, etc.) avant de venir déjeuner ou dîner ? Si oui, pourquoi ?

Il n'est pas interdit de trouver parfois des formules plus souples (du genre « brunch », goûter salé-sucré, etc.) lorsque l'on est pressé, ou lorsque l'on s'est levé très tard... Mais le repas familial doit être respecté dans la mesure du possible. Il est un « point d'ancrage » important pour l'équilibre affectif qui conditionne largement l'épanouissement du goût.

RESTAURANT

Les petits enfants trouvent le temps long au restaurant... Mais, lorsqu'ils sont assez grands, ils apprécient le dépaysement, le changement de saveurs, etc. (Voir « exotisme », p. 141-142). Aller au restaurant avec eux est une occasion rêvée pour les initier à la gastronomie, en se livrant à un examen critique, non seulement des mets, mais aussi du cadre, de l'insonorisation, etc. À condition, bien sûr, de rester discret... Il faut exiger d'eux un comportement ouvert et courtois. Comme celui que vous êtes en droit d'attendre de l'établissement qui vous traite.

SAISON

L'enfant des villes habitué aujourd'hui à voir du raisin ou du melon en plein hiver ne sait plus très bien ce que l'on appelle légumes ou fruits « de saison ».

Pourtant, notre goût est modifié par le temps qu'il fait, la luminosité, etc. Mangeriez-vous du cassoulet au mois d'août par trente degrés à l'ombre ? Boiriez-vous un jus de fruits glacé à la terrasse d'un café, exposé à la bise de décembre ? Non. Notre corps a des besoins différents selon les saisons. Ces saisons commandent notre alimentation... et notre goût.

Réapprenez-lui les cycles du printemps, de l'été, etc., en lui expliquant la différence entre le tendre oignon nouveau et son collègue hivernal, emmitouflé dans toutes ses peaux... Faites-lui découvrir le petit pois « primeur », l'éphémère reine-claude ou la reinette d'automne. Ou bien le chevreau ou le cochon de lait, viandes, elles aussi « de saison », etc.

Parler des saisons, c'est parler des climats, des civilisations, mais aussi des techniques modernes de transport, d'élevage et de conservation qui, tout en bouleversant nos habitudes, peuvent aussi multiplier nos rencontres gustatives. Bonnes discussions en perspective...

SALADE (voir aussi SAUCE, VINAIGRE, MOUTARDE, HERBES.)

L'enfant l'adore... à cause de la vinaigrette qui l'accompagne. Mais il existe salade et salade. De la simple laitue au savoureux mesclun, en passant par la mâche, la batavia, etc.

Faites-lui apprécier le croquant de la romaine, l'amertume de la frisée (à condition de ne lui offrir que les feuilles les plus blanches, les vertes sont trop amères), l'acidité du cresson, etc.

Apprenez-lui dès que possible à la préparer dans les règles de l'art. C'est en effet un bon test qui permet de mesurer la sensualité et le raffinement d'une table. Elle doit être parfaitement égouttée, épluchée, coupée et assaisonnée, bien sûr. Ces gestes simples (mais qui prennent du temps) sont l'occasion rêvée pour susciter sa collaboration à la cuisine et pour lui apprendre que la gastronomie passe par la vigilance à l'égard des détails.

La composition d'une salade est aussi une occasion de créativité. Faites-lui inventer de nouveaux mélanges et de nouvelles sauces. Il aimera jouer avec les fines herbes, les petits oignons blancs, les échalotes...

SALÉ (voir SEL)

SAUCE

S'il faut en croire le bon marquis de Cussy, « on devient cuisinier, on naît saucier »...

Votre enfant sera ravi de se voir confier la confection de la sauce pour la salade (voir ce mot, p. 158)... C'est un excellent moyen pour éduquer concrètement son goût.

N'hésitez pas, s'il montre des dispostiions, à lui apprendre à faire le beurre blanc, la mayonnaise ou la béarnaise, le coulis de tomates, etc.

(Voir aussi « épices », p. 141, « exotisme », p. 141-142, etc.)

Saveur

Contrairement aux autres sensations (tactiles, thermiques, etc.), les saveurs sont exclusivement gustatives. Par commodité, on a coutume de distinguer quatre saveurs de base (ou saveurs primaires) : sucrée, salée, acide et amère, qui correspondent à des sensations comme celles provoquées par la saccharose, le chlorure de sodium, l'acide citrique ou tartrique et la quinine. Mais certaines expériences (voir I, première partie, p. 15) montre que l'ensemble des saveurs forment un « continuum », et que l'on passe d'une saveur à l'autre, comme d'une couleur à l'autre dans l'arc-en-ciel des couleurs, par une infinité de nuances.

Le bébé y est sensible (voir « mimique », p. 150-151) dès les premiers jours de sa vie. (Et même dans le ventre de sa mère !)

Ce qu'il faut savoir, c'est qu'aucun individu ne réagit de la même façon aux saveurs car chaque appareil sensoriel, qui comporte des centaines de « chimio-récepteurs » placés différemment selon les individus, et en nombre variable, est absolument unique. (Voir aussi « seuil », p. 159-160.)

Tel enfant sera plus sensible qu'un autre à l'amertume, ou bien à l'acidité. Vous n'y pouvez rien. Il faut donc l'aider à éduquer son palais, en lui faisant rencontrer des saveurs nouvelles, mais non les lui imposer.

De plus, il n'existe aucune corrélation entre l'intensité perçue, phénomène inné et la préférence, phénomène acquis.

Sel

Attention à ne pas en mettre trop dans ses petites purées ou dans vos plats. L'enfant n'a pas les mêmes « seuils » gustatifs que l'adulte, car ses muqueuses sont plus fines.

Mieux vaut resaler dans les assiettes. Et le laisser trouver lui-même son goût.

Serviette

Décontraction oblige, les enfants n'aiment guère se servir d'une serviette à table.

Ce n'est pas les brimer que de les inciter à l'utiliser. Un futur gastronome doit avoir le nez fin et respecter son entourage... Des odeurs parasites sur les mains entre l'entrée et le dessert, des babines douteuses... Non !

Reprenez – si vous l'avez abandonnée – l'habitude familiale qui consiste à donner à chacun son « rond » de serviette (ou sa pochette) et changez souvent de linge de table. Ou bien réservez une couleur différente pour chaque membre de la famille. Ces petits détails lui montreront que le repas (voir ce mot, p. 157) est une pratique civilisée.

Serviettes en papier ? Oui. Mais pour un pique-nique , ou une « collation » décontractée avec des copains.

Serviettes en tissu ? Oui, bien sûr, mais toujours très propres car la moindre trace olfactive d'un précédent repas peut devenir fortement répulsive en quelques heures.

Seuil (Sensoriel)

Nous n'avons pas tous les mêmes seuils sensoriels. Cette notion est tout à fait fondamentale. L'ignorer peut conduire aux pires maladresses avec son enfant.

Qu'est-ce qu'un seuil sensoriel ? Une mesure qui permet de déterminer à partir de quelle quantité minimale un produit entraîne une excitation sensorielle. On sait par exemple qu'un nouveau-né grimace lorsqu'on lui fait goûter un peu de solution de quinine dont la concentration se situe entre 0,25 et 0,5 %. Chez les adultes, les seuils évoluent quelque peu, en raison d'une infinité de facteurs personnels (âge, état de santé, consommation de tabac et d'alcool, climat, etc.).

On distingue plusieurs sortes de seuils : un seuil « absolu » (ou encore seuil de détection), celui à partir duquel une personne reconnaît l'existence d'une saveur sans toutefois l'identifier ; un seuil de « reconnaissance » : celui à partir duquel cette personne identifie la saveur et éventuellement, par exemple, la saveur sucrée, le caractère fraise, vanille, etc ; enfin un seuil de préférence ou de rejet : celui à partir duquel une saveur est jugée agréable ou désagréable. Les variations de perception d'un sujet à un autre sont parfois énormes : pour reconnaître la quinine, les différences de sensibilité peuvent aller de 1 à 500 ! Autre exemple, si l'on fait comparer de la saccharine avec du saccharose, pur certains, la première est trente fois plus efficace, c'est-à-dire plus sucrée, alors que pour d'autres, elle est deux mille fois plus sucrée.

Prud un seuil de préférence r introduire certains aliments amers, acides, salés... Les seuils de préférence ou de rejet des enfants sont en règle générale beaucoup plus bas que ceux des adultes. C'est-à-dire qu'ils réagissent à des concentrations de saveur beaucoup plus faibles.

Il faut savoir, cependant, que les seuils de détection et d'identification, eux, ne varient guère avec l'âge.

SEVRAGE

À l'âge du sevrage, il est important de donner tout de suite une « personnalence, donc avant de vouloir introduire certains aliments amers, acides, salés... Les seuveur » végétaux dans les potages (thym, persil, romarin, menthe, filet de citron, mais évidemment pas d'ail, qui les brûle...) pour relever un peu le goût de certains légumes citadins souvent fades.

Pour les adeptes des « petits pots » (voir ce mot, p. 155-156), choisir dès que possible ceux qui contiennent des petits morceaux (de viande, de poisson ou de jambon) pour les habituer à « mastiquerité » gustative à l'alimentation du bébé. Il est possible d'ajouter des « agents de saveur » végétaux dans les potages (thym, persil, romarinrves pour bébé sont très fiables, mais elles les conditionnent dans le sens de la facilité, voire... de la paresse.

SODA

La consommation de vin de table dégringole, mais celle des sodas galope.

Un chiffre à retenir : une « canette » de soda de 33 cl contient l'équivalent de sept morceaux de sucre ! Outre le sucre, entrent dans ces sodas de l'acide citrique, du gaz carbonique, et un aromate rappelant tel ou tel fruit. Ce gaz carbonique ajouté veut copier les boissons naturelles, tel le fefia, préparé à partir du lait ou de la bière, le cidre et le vin champagnisé. Il y a donc bulle et bulle... Dans ces boissons, elles viennent de la fermentation naturelle.

Un enfant qui consomme un ou deux sodas avant de se mettre à table a automatiquement l'estomac encombré de gaz carbonique et de sucre (voir ce mot, p. 160). Résultat, il n'a plus faim... Mais une heure après le repas, lorsqu'il aura éliminé, l'appétit reviendra, et il mangera quelque sucrerie... C'est le cercle vicieux ! Ne cédez pas trop à ses demandes de boissons sucrées. Préférez plutôt les eaux aromatisées avec des produits naturels. Une marque d'eau minérale vient de sortir des boissons aromatisées à l'orange, au citron vert, au pamplemousse, sans sucre ni produit de synthèse.

SUCRE

Autrefois denrée de luxe et médicament, aujourd'hui produit banal... mais envahissant.

Les Français en consomment individuellement 33,3 kg/an (environ 10 kg de plus qu'après la guerre). Les Anglais en sont à 40,3 kg/an. Notre consommation qui avait connu un « pic » en 1974 (39,4) baisse régulièrement. Pour certains, elle est encore trop forte.

Alertés par les méfaits de l'excès de consommation de sucre (et de graisse), les Américains ont réagi vigoureusement. La France s'y met, elle aussi. Cela dit, les enfants ont besoin de sucre, ils sont « programmés » pour l'aimer... Pas de puritanisme diététique, ni de laxisme. Un juste milieu. « Sucré is beautiful »... et bon ! Trop sucré est dangereux. (Voir « bonbon », p. 132-133, « gâteau », p. 144-145, etc.)

SUCRÉ

Ah, ces produits « sucraillés » ! Attention, bas les masques... un édulcorant[1] (saccharine, cyclamate) est un produit de synthèse destiné soit à remplacer le sucre, soit à renforcer chimiquement la saveur sucrée d'un aliment.

Déjà, certains sucres ont un pouvoir supérieur à celui du saccharose (sucre de betterave) : l'isoglucose (fructose) que l'on rencontre de plus en plus dans les sirops et autres Coca-Cola est 30 % plus sucrant que le saccharose, mais sa saveur est médiocre.

Quant aux vrais édulcorants, leur efficacité est encore bien supérieure, mais le goût en souffre encore davantage : l'aspartame et ses dérivés sont 100 à 200 fois plus sucrants que le sucre, et on nous prépare la thaumatine au pouvoir 3 000 fois plus fort ! Inquiets, les betteraviers commencent à contre-attaquer. Ils doivent écouler leurs stocks... Mais il faut savoir que le sucre est irremplaçable non seulement en raison de sa saveur mais aussi à cause de sa structure moléculaire spécifique, qui donne du corps aux confitures, du moelleux aux gâteaux et aux flancs, etc.

SURGELÉ (voir CONGELÉ)

Ne pas confondre surgélation et congélation. La différence n'est pas liée à la température, mais à la vitesse à laquelle cette température est atteinte. Moins de deux heures pour une bonne surgélation. Cette rapidité évite la forma-

1. En France, les édulcorants sont actuellement vendus dans les pharmacies. Mais ils seront un jour ou l'autre incorporés à certains produits alimentaires...

tion de microcristaux qui déchirent les cellules. Une mauvaise surgélation entraîne une déperdition de saveur et de consistance au moment de la décongélation. Et naturellement, un produit sans goût au départ sera toujours aussi fade une fois décongelé.

Pour bien décongeler, l'idéal est de se servir d'un four à micro-ondes (attention à la programmation !), qu'il s'agisse de légumes ou de viandes. Sinon il est indispensable d'opérer lentement. Placer le produit dans un réfrigérateur à + 4°. À cette température, les fibres retrouvent leur élasticité. Une fois décongelé, on peut travailler comme avec un produit frais.

Préférez, dans la mesure du possible, les légumes surgelés aux « conserves » (voir ce mot, p. 136-137 ainsi qu'« appertisation », p. 131). Si vous disposez d'un appareil de puissance suffisante, surgelez vous-même vos plats en sauce, à condition de respecter fidèlement le processus. Votre enfant appréciera encore votre reste de veau aux carottes dans une semaine ou un mois, plus que si vous lui servez ce plat trois fois de suite...

TABAC

Savez-vous que l'odeur de votre cigarette et de la fumée envahit tout ? Les verres, les assiettes, etc. Ne fumez pas à côté d'un petit enfant qui mange... ou même en préparant son repas.

Des études ont aussi mis en évidence que les bébés dont les parents fument sont trois à quatre fois plus sujets, aux vomissements « inexpliqués ».

TENDRETÉ

L'enfant privilégie ce qui est tendre. (Voir aussi « mâcher », p. 148, « viande », p. 163, etc.) C'est normal tant qu'il est tout petit. Il faut savoir que la denture n'est pas totalement « opérationnelle » avant quinze ans environ.

Ce n'est pas une raison pour l'enfermer dans une prison molle... Le dur peut être savoureux... Il devra se faire les dents dans la vie. Au sens propre et au sens figuré...

TEST (GUSTATIF)

Voir la deuxième partie du livre, p. 31.

TEXTURE

La texture d'un aliment est tout à fait primordiale pour un enfant. Il déteste les textures fibreuses de certains légumes comme l'endive, ou de certaines viandes comme la macreuse (utilisée pour le pot-au-feu). Il ne faut tout de même pas lui éviter tout effort. (Voir « mâcher », p. 148).

On fabrique maintenant du jambon sans fibres... Cela donne un produit insipide.

Ne tombez pas dans la phobie des fibres... Faites-lui découvrir la savoureuse bavette, par exemple. Dès que ses dents sont opérationnelles, évidemment.

TOLÉRANCE

Rien ne sépare plus les individus que l'intolérance gustative !

Première règle : lui apprendre à respecter les goûts alimentaires de ses petits camarades, même s'il ne les partage pas. Il sera d'autant mieux admis lui-même qu'il admettra les goûts des autres. Les voyages à l'étranger sont une excellente occasion pour le familiariser avec d'autres cuisines, et le rendre ouvert, sur le plan gastronomique.

Seconde règle : savoir que ses critiques à l'égard des goûts d'un père, d'un frère ou d'une sœur peuvent cacher autre chose. Une incompréhension, une jalousie...

VAISSELLE

Le choix de la vaisselle dans laquelle votre enfant mange est important (voir aussi « décoration », p. 139). Il n'aimera pas être servi dans une assiette ou un bol ébréché, ni dans un récipient en plastique de couleur criarde, etc.

Faites l'expérience vous-même : un plat, fût-il succulent, ou une boisson, n'auront pas le même goût selon qu'ils seront servis dans du matériel de camping ou dans une jolie vaisselle ! Vous pouvez le traiter comme un prince... avec des objets sobres et de prix modéré.

Encore faut-il qu'ils soient parfaitement propres et exempts de toute odeur parasite (produits domestiques, eau de vaisselle, etc.).

VIANDE

Jusqu'à quinze ans, les enfants exigent une viande tendre, car leurs mâchoires ne sont pas complètement formées (voir aussi « mâcher », p. 148 et « texture », p. 162).

Autrefois, les bouchers l'attendrissaient mécaniquement avant l'emploi, et le commerçant de quartier pouvait conseiller les mères de famille sur le choix des morceaux pour les petits... Certains le font encore.

Aux États-Unis, la viande est rendue plus tendre grâce à la papaïne, dont l'usage n'est autorisé en France que pour la marchandise réservée aux collectivités. Elle est aussi beaucoup plus grasse que chez nous. La viande que nous consommons dans l'hexagone vient, pour une large part, de nos vaches de réforme. Elle est plus dure parce que plus sèche que la grasse viande américaine.

Même si votre enfant renâcle au début, il faut tout de même l'habituer à l'effort de la mastication. Mais on peut l'aider en lui coupant sa viande en fines lamelles, un peu comme les Chinois...

Un bon truc pour lui faire consommer la viande fibreuse du pot-au-feu qu'il n'apprécie guère : la transformer en hachis Parmentier dont il raffole ou bien en « hamburger » maison, parfumé avec quelques herbes.

VINAIGRE

Inutile de réprimander les enfants qui ont tendance à en rajouter dans la sauce de la salade... S'ils l'adorent, ce n'est pas par hasard : les psychologues ont découvert que, jusqu'à dix ans, 70 % des jeunes interviewés trouvaient son odeur agréable alors que chez les adultes, c'est exactement le contraire.

Ne les laissez tout de même pas verser la moitié de la bouteille de vinaigre dans le saladier familial ou pire, dans leur assiette : ils peuvent irriter leurs muqueuses, se brûler l'estomac... Ils doivent aussi apprendre à tenir compte de la sensibilité des autres. Faites-leur essayer des produits de plusieurs provenances et parfumés différemment (vin, alcool, cidre, framboise, etc.).

VOCABULAIRE (DU GOÛT)

« Super », « vachement bon », ou bien « dégueulasse »... Nous connaissons tous leur charmant vocabulaire.

Ne vous mettez pas à parler comme eux pour paraître « dans le coup »... Vous ne feriez que vous ridiculiser et vous ne leur rendriez pas un bon service... Jouez plutôt avec eux à trouver le mot juste à propos d'une sensation, ou d'une couleur... C'est une excellente occasion de communication. Et c'est très pédagogique... Tout se tient. Un enfant qui sait parler de ce qu'il mange saura aussi s'exprimer sur d'autres sujets. Il sera plus ouvert aux autres et à la vie.

Expliquer qu'une sauce est moelleuse, un dessert granité... etc., est aussi un plaisir de l'esprit. Affiner l'expression de ses sensations, c'est aussi affiner son jugement, donc sa personnalité.

YAOURT

Le yaourt (ou yoghourt) est un des aliments favoris de l'enfant.

Le commerce offre une grande variété de produits préparés avec différents laits, différents parfums, etc. Ils sont très fiables, – à condition d'avoir été conservés en permanence au froid, ce qui n'est pas toujours le cas dans les petites épiceries – mais ils sont souvent trop sucrés. Ou bien leurs parfums sont artificiels.

Autrefois, on consommait le « petit lait »... Pourquoi ne pas faire l'acquisition d'une yaourtière (d'utilisation facile et très « rentable ») afin de préparer (ou de lui faire préparer) vos propres yaourts, avec un lait que vous aurez choisi vous-même. Le goût en est incomparable. Et vous pourrez les lui faire consommer « nature », ou encore avec un peu de miel, de compote, etc.

Pour les produits du commerce, lisez bien les dates de validité d'utilisation. Plus le yaourt est « vieux », plus sa qualité gustative baisse, évidemment.

Conclusion

Ce livre est loin d'avoir épuisé la question, ô combien complexe de la naissance du goût et de son « éducation ». Au moins aura-t-il l'intérêt d'« éveiller » les adultes qui détiennent une responsabilité majeure à l'égard du corps de l'enfant. C'est notre espoir.

Ces adultes (parents et enseignants) sont pleins de bonnes intentions. N'ont-ils pas voulu tenter d'éviter aux nouvelles générations certaines meurtrissures héritées des vieux tabous sexuels ? Mais ce faisant, peut-être n'ont-ils entrouvert qu'un seul volet dans la fenêtre de la liberté individuelle. Notre corps ne se limite pas à notre sexe. Comme le rappelle Michel Serres, nous avons cinq sens. Ces cinq sens doivent fonctionner en parallèle et en symbiose dans tous les instants de notre vie consciente. Dans toutes nos relations avec les autres... et avec nous-mêmes. La table, ses plaisirs, – en un mot la sensualité – impliquent une relation heureuse avec notre corps et avec les autres. Avec les autres et avec notre corps. Cette relation heureuse conditionne notre harmonie avec le monde.

Cela va de soi, croyez-vous. Et pourtant, ce n'est pas si simple. Que de conflits évités, si nous connaissions mieux la cause de nos dégoûts !

Dans un contexte où les lois du marché et une certaine angoisse « surmédicalisante » faussent la liberté des choix alimentaires, nous avons seulement voulu offrir ici quelques chemins pour permettre à nos enfants de s'épanouir mieux à travers ce qu'ils mangent. Bien conscients que ce qu'ils apprécient à table, c'est beaucoup plus que la nourriture...

Nourrir un enfant, c'est lui donner beaucoup d'amour. Un amour large, mais vigilant. Un amour respectueux de sa petite personne au point d'accepter ses différences de goût avec nous-mêmes, mais non ses caprices de bouche.

Notre « pédagogie » du goût pourrait se résumer ainsi : il s'agit de développer harmonieusement la sensibilité des jeunes mangeurs. Non pour en faire des « obsédés » de la fourchette... Mais des êtres ouverts à toutes les autres « cultures ». Cette pédagogie nécessite plus de doigté que de savoir. Nos fils et nos filles naissent avec dix millions de cellules olfactives, un demi-million de « bourgeons du goût », etc. Ce sont les leurs... Ils leur appartiennent en propre. À nous de leur apprendre à ne pas massacrer ce clavier si riche. À eux d'en jouer, avec ou sans nous.

Pour le meilleur.

Remerciements

Nous tenons à remercier tout particulièrement le professeur Matty Chiva, directeur du Centre de psychologie de l'enfant de l'Université et Patrick Mac Leod, professeur à l'EPHE (École pratiques des hautes études) pour leur active et sympathique collaboration dans la préparation de cet ouvrage, ainsi que Françoise Dolto, psychanalyste, pour la simplicité de son accueil et de ses réponses ; Guy Fauconneau, directeur de recherches à l'INRA (Institut national de la recherche agronomique) et Jacques Barrau, sous-directeur au musée de l'Homme, qui se sont montrés doublement concernés — comme scientifiques et comme pères — par notre sujet ; Annick Faurion, chargée de recherches au CNRS, qui a éclairé notre lanterne sur la saveur sucrée ; le docteur Guy Heraud, qui a mis à notre disposition les documents de l'APRID (Association des Praticiens pour l'Information Diététique) ; Jacques Lacoste, qui a participé avec efficacité à la mise au point des travaux dirigés ; Michèle Marrel-Macabiou, qui nous a ouvert chaleureusement les portes de la crèche de la rue Oudinot.

Et également (par ordre alphabétique) :
Claude Fischler, sociologue ;
Carine Fouesnard, psychologue ;
Jean Keilling, de l'Académie d'agriculture ;
Philippe Rix, psychologue ;
Guy Vermeil, médecin,
qui nous ont aidés en nous communiquant leurs études et leurs réflexions.

Enfin, tous les enseignants de la région de Tours et de Chinon, qui ont répondu à nos questions sur l'introduction de la « méthode Puisais » dans le cadre scolaire.

BIBLIOGRAPHIE

Le Doux et l'Amer, Matty Chiva, 1985, PUF

Numéro hors série de la revue *Science et Vie* : « Les cinq sens » (mars 1987).

L'Alimentation de l'enfant de la naissance à trois ans, Guy Vermeil, Anne-Marie Dartois, Marielle du Fraysseix, 1983, Douin.

Les Cinq Sens, Michel Serres, 1985, Grasset.

Les Hommes et leurs Aliments, Jacques Barrau, Temps actuels.

CRÉDITS DOCUMENTAIRES

Pages 96, 97 Météorologie nationale ; 98 à 101 Larousse.

CRÉDITS PHOTOGRAPHIQUES

Couverture : H. Gritscher, Agence Rapho. Dos de couverture : Bernard et Catherine Desjeux.

Pages 8 Frilet, Sipa-Press ; 14 G. Philippart de Foy - Bruxelles, Explorer ; 17 Enrico Ferorelli/Dot, Agence Cosmos ; 18 F. Ivaldi, A.A.A. Photo ; 20 Samuel Costa, Explorer ; 23 Michel Cambazard, Explorer ; 24 Y. Arthus Bertrand, Explorer ; 27 Patrice Bouvier, Cosmos ; 30 Bernard et Catherine Desjeux ; 32 Bernard et Catherine Desjeux ; 123 Pierre Ginet ; 126 Bernard et Catherine Desjeux ; 154 Pierre Hussenot.

Pages III Bernard et Catherine Desjeux ; IV Pierre Hussenot ; V Pierre Ginet ; VI Pierre Hussenot ; VII Bernard et Catherine Desjeux ; VIII, en haut, Philippe Rix ; VIII, en bas, Bernard et Catherine Desjeux.

Nous remercions les familles dont les enfants figurent dans cet ouvrage.